O Espírito de CRISTO

*Entendendo a ação do Espírito de Deus
na vida do cristão e da Igreja*

ANDREW MURRAY

O Espírito de Cristo
Título do original em inglês: *The Spirit of Christ*
© 2013 Editora dos Clássicos
Publicado no Brasil com a devida autorização
e todos os direitos reservados por Publicações Pão Diário
em coedição com Editora dos Clássicos.

Tradução: Renan Passos Cordeiro
Revisão: Mariângela Paranaguá, Ricardo Borges e Paulo César de Oliveira
Diagramação: Rita Motta (Editora Tribo da Ilha)
Editor: Gerson Lima
Capa: Audrey Novac Ribeiro
Imagens: © Shutterstock

Dados Internacionais de Catalogação na Publicação (CIP)

MURRAY, Andrew
O Espírito de Cristo / Andrew Murray;
Tradução: Renan Passos Cordeiro
Curitiba/PR, Publicações Pão Diário e São Paulo/SP, Editora dos Clássicos.
Título original: *The Spirit of Christ*

1. Espírito de Cristo   2. Espírito Santo

Os textos das referências bíblicas foram extraídos da versão Almeida Revista e
Atualizada, 2.ª edição (SBB), salvo indicação específica (ACF - Versão Almeida Corrigida e Fiel,
da Sociedade Bíblica Trinitariana do Brasil, São Paulo, 1994, 1995).

As notas de rodapé com indicação (N.E.) são da versão em português.

Proibida a reprodução total ou parcial, sem prévia autorização, por escrito, da editora.
Todos os direitos reservados e protegidos pela Lei 9.610 de 19/02/1998.
Permissão para reprodução: permissao@paodiario.org

Publicações Pão Diário
Caixa Postal 9740,
82620-981 Curitiba/PR, Brasil
publicacoes@paodiario.org
www.publicacoespaodiario.com.br
Telefone: (41) 3257-4028

Editora dos Clássicos
www.editoradosclassicos.com.br
contato@editoradosclassicos.com.br
Telefones: (19) 3217-7089
(19) 3389-1368

Código: UJ794
ISBN: 978-1-68043-688-4

1.ª edição: 2019 • 2.ª impressão 2025

Impresso na China

Sumário

1. Um Novo Espírito, e o Espírito de Deus 17
2. O Batismo do Espírito 25
3. Adoração no Espírito 33
4. O Espírito e a Palavra 41
5. O Espírito do Jesus Glorificado 49
6. O Espírito de Habitação 57
7. O Espírito é Dado aos Obedientes 65
8. Conhecendo o Espírito 73
9. O Espírito da Verdade 81
10. A Conveniência da Vinda do Espírito 89
11. O Espírito Glorifica a Cristo 97
12. O Espírito Convence do Pecado 107
13. Esperando pelo Espírito 117
14. O Espírito de Poder 125
15. O Derramamento do Espírito 135

16. O Espírito Santo e Missões.....................145
17. A Novidade do Espírito.......................153
18. A Liberdade do Espírito 163
19. A Liderança do Espírito 173
20. O Espírito de Oração 183
21. O Espírito Santo e a Consciência 191
22. A Revelação do Espírito 201
23. Você é Espiritual ou Carnal?..................211
24. O Templo do Espírito Santo 221
25. O Ministério do Espírito 229
26. O Espírito e a Carne 239
27. A Promessa do Espírito pela Fé 249
28. Andando no Espírito 257
29. O Espírito do Amor 267
30. A Unidade do Espírito 277
31. Enchei-vos do Espírito.......................285

Prefácio à Edição em Português

Imagine os elementos necessários para fazer um filme: o estúdio, o roteirista, o produtor, o diretor e o protagonista.

Aplicando esses elementos na história da redenção, o Pai é o dono do estúdio e o roteirista – a Ele toda a glória (Fp 2.11); o Filho é o produtor, porque Ele é quem paga o custo – todas as coisas foram criadas n'Ele, por Ele e para Ele, e sem Ele nada do que foi feito se fez (Cl 1.16-17; Jo 1.3); o Filho e a Igreja, cada um a seu tempo, assumem o protagonismo (Jo 3.17; At 1.8); e o Espírito Santo é o grande diretor (Lc 4.18-21).

O Espírito Santo é o primeiro que entra em cena, envolvendo o planeta e criando o ambiente para o grito: haja luz! (Gn 1.2). Depois, Ele passa a andar com os patriarcas e profetas, capacitando-os para o papel que prepara a entrada do protagonista em cena, e cria as condições necessárias para que nasça o Cristo (Mt 1.18).

O Cristo assume o protagonismo sob a direção do Espírito Santo (Lc 4.18-21). Terminado Seu ministério, sempre sob a direção do Espírito Santo (At 1.2), é elevado às alturas e reassume as prerrogativas plenas de produtor.

O Espírito Santo, então, consolida a Igreja e a eleva à categoria de protagonista (At 2.1-4). Para conduzi-la, Ele se submete ao Senhor Jesus, que, agora como produtor, determina o que o diretor deve levar a protagonista a fazer para a Sua honra e para a glória do Pai, o Senhor do estúdio e o roteirista (Jo 16.13-14). E o Espírito Santo conduz a Igreja no desempenho de seu papel até o momento apoteótico, em que ela, plenamente cônscia de seu papel de esposa, está pronta, e o Espírito Santo e a Noiva dizem: "Vem!" (Ap 22.17).

Para fazer isso, de forma extraordinária, o Espírito Santo vem morar em cada membro da Igreja, e trabalhando em cada um (2 Co 3.18) o diretor vai dando fluidez ao roteiro (At 13.2), que é suficientemente sólido para que o final não seja comprometido e aberto o suficiente para que os protagonistas entendam que o filme também é deles.

Cabe a cada membro da Igreja, a protagonista dos últimos tempos, entender e interagir de modo eficaz com o grande diretor, para que não se portem como figurantes onde têm de desempenhar o papel principal (1 Ts 5.19).

O segredo desse filme, portanto, é a interação com o diretor. E ninguém fala dessa interação com o Espírito Santo como Andrew Murray! Eu recomendo com ênfase a leitura deste clássico.

Dos editores

Prefácio da Versão Original

Através do tempo houve cristãos que encontraram a Deus, conheceram-nO e, através da fé, tiveram a certeza de que eram agradáveis a Deus. O propósito do Filho de Deus, quando veio à Terra revelando o Pai, era que a comunhão com Deus e a certeza de Seu favor pudessem se tornar o gozo permanente de cada filho de Deus. Jesus foi exaltado ao trono da glória, após Sua ressurreição, a fim de enviar o Espírito Santo para habitar em nós, para que pudéssemos conhecer a verdadeira comunhão com Deus. Deveria ser uma das marcas da nova aliança que cada um de seus membros passasse a andar em comunhão pessoal com Deus.

"Não ensinará jamais cada um ao seu próximo, nem cada um ao seu irmão, dizendo: Conhece ao Senhor, porque todos me conhecerão, desde o menor até ao maior deles, diz o Senhor. Pois perdoarei as suas iniquidades e dos seus pecados jamais me lembrarei" (Jr 31:34).

Comunhão pessoal e conhecimento de Deus, através do Espírito Santo, seriam o resultado do perdão dos pecados. O Espírito do próprio Filho de Deus foi enviado aos nossos corações para realizar um trabalho tão divino quanto o da redenção. O Espírito substitui nossa vida pela vida de Cristo, em poder, tornando o Filho de Deus conscientemente presente conosco. Essa foi a bênção distintiva do Novo Testamento. A comunhão do Deus trino deveria estar desenvolvendo-se dentro de nós da seguinte forma: o Espírito revelando o Filho, e através d'Este, o Pai.

Poucos crentes compreendem a caminhada com Deus que seu Pai lhes preparou. E menos ainda estão dispostos a discutir qual possa ser a causa do erro. Devemos reconhecer que o Espírito Santo, cuja divina onipotência proporciona esta revelação interior, não é plenamente percebido na Igreja – o corpo de Cristo – como Ele deveria ser. Em nossa pregação e em nossa prática, Ele não ocupa a posição de preeminência que tem no plano de Deus. Enquanto nossa crença no Espírito Santo for apenas ortodoxa e escritural, Sua presença e poder na vida dos crentes, no ministério da Palavra, no testemunho da Igreja para o mundo, nunca será o que promete a Palavra ou o que foi planejado por Deus para seus filhos.

Há muitos que estão conscientes dessa deficiência e sinceramente procuram conhecer a mente de Deus a respeito dessa condição e dos meios para sua libertação. Alguns sentem que sua própria vida não é o que deveria ser. Muitos podem olhar para o passado, para uma temporada especial de avivamento espiritual quando toda a sua vida esteve em um plano mais alto. A experiência de alegria e força da presença do Salvador foi, por um tempo, muito real, mas não durou. Para muitos houve um declínio gradual, acompanhado

O Espírito de Cristo

de vãos esforços e subsequentes fracassos. Alguns tardam a perceber onde reside o problema. Há pouca dúvida quanto à resposta: eles não conhecem e não honram o Espírito de Habitação como a força de suas vidas, nem conhecem o poder de sua fé para mantê-los olhando para Jesus e confiando n'Ele. Eles não sabem o que é esperar diariamente, em silenciosa confiança, que o Espírito Santo os liberte do poder da carne e mantenha a maravilhosa presença do Pai e do Filho.

Há multidões dos queridos filhos de Deus que ainda experimentam frequentes quedas e retomadas em suas vidas espirituais. Apesar de avivamentos, seminários e conferências, o ensinamento que recebem não é particularmente eficaz na questão da plena consagração. Seu ambiente diário não é favorável para o crescimento da vida espiritual. Pode haver tempos de anseio por viver de acordo com a plena vontade de Deus, mas o desejo e a atitude de verdadeiramente andar de modo a agradá-lO foi insuficientemente despertada neles. Eles não avançam à melhor parte de seus direitos de nascença como filhos de Deus, ao dom mais precioso do amor do Pai em Cristo: o dom do Espírito Santo, que deseja neles habitar e guiá-los.

Eu consideraria um grande privilégio ser usado por Deus para endereçar a Seus amados filhos a pergunta encontrada em Sua Palavra: "Não sabeis que sois santuário de Deus e que o Espírito de Deus habita em vós?" (1 Co 3:16) e, então, anunciar–lhes que gloriosa obra é esta que o Espírito é capaz de fazer neles e através deles. Eu gostaria de mostrar-lhes o que é que tem, indubitavelmente, impedido que o Espírito faça Sua bendita obra. Eu explicaria o quão simples é o caminho pelo qual cada alma justa pode entrar no gozo da plena revelação da presença do Jesus que habita dentro de nós. Eu, humildemente, pedi a Deus que concedesse, através de minhas simples palavras, o despertar de Seu Espírito Santo para que, por meio delas, a verdade, o amor e o poder de Deus pudessem entrar nos corações de muitos de Seus filhos. Eu anseio que essas palavras possam trazer, em realidade e experiência, o extraordinário dom de amor que elas descrevem a vida e o gozo do Espírito Santo, enquanto Ele lhes revela o Senhor Jesus, a quem até agora podem só ter conhecido de longe.

Devo confessar ter ainda outra esperança. Tenho um forte temor – e digo isso com toda humildade – de que, na teologia de nossas igrejas, o ensinamento e liderança do Espírito da Verdade, a unção que tão somente ensina todas as coisas, não sejam reconhecidos de maneira prática. Se os líderes de nossas igrejas – professores, pastores, seminaristas, escritores e obreiros – estivessem plenamente conscientes do fato de que, em tudo que diz respeito à Palavra de Deus e à Igreja de Cristo, o Espírito Santo deveria ter o supremo lugar de honra como Ele tinha nos Atos dos Apóstolos, então certamente os sinais e marcas da Sua presença seriam mais claros e Suas poderosas obras mais manifestas. Acredito não ter sido presunçoso em esperar que aquilo que foi escrito neste livro possa ajudar a lembrar até mesmo nossos líderes espirituais daquilo que é facilmente negligenciado – o requisito indispensável para gerar fruto para a eternidade: estar cheio do poder do eterno Espírito.

Estou bem ciente de que homens de intelecto e cultura e verdadeiros teólogos, dos quais não posso ousar me queixar, esperem que estes escritos tragam as marcas do academicismo, da força de pensamento e do poder de expressão. Ainda assim ouso pedir a esses honrados irmãos, que porventura venham a ler estas linhas, que considerem o livro como, pelo menos, um eco de clamor por iluminação de muitos corações e como uma exposição de questões a respeito das quais muitos esperam soluções. Há uma sensação comum

O Espírito de Cristo

de que a promessa de Cristo sobre o que a Igreja deveria ser e o seu real estado atual não se correspondem.

De todas as questões teológicas, não há nenhuma que nos leve mais profundamente à glória de Deus ou que seja de mais intensa, vital e de prática importância para a vida diária do que aquela que lida com a plena revelação de Deus e da obra de redenção – ou de que maneira e em que extensão o Espírito Santo de Deus pode habitar, preencher e transformar em um belo e santo templo de Deus, o coração de Seus filhos, fazendo com que Cristo reine ali como o onipresente e onipotente Salvador. É uma questão cuja solução, se vista e encontrada na presença e ensinamento do próprio Espírito, poderia transformar toda a nossa teologia naquele conhecimento de Deus, que é a vida eterna.

Não temos falta de teologia, estamos supridos em todas as suas áreas de estudo. Mas parece que mesmo com todos os nossos escritos, pregações e trabalho, algo ainda está faltando. Não é o poder do alto? Não seria possível que com todo o nosso amor por Cristo e trabalho pela Sua causa não tenhamos feito o objeto principal de nosso desejo aquele que foi o objeto principal de Seu coração quando Ele ascendeu ao trono? O de revestir Seus discípulos com o poder do Espírito Santo – para que, novamente, conhecendo a presença de seu Senhor, eles pudessem se tornar para Ele poderosas testemunhas. Possa Deus levantar, dentre nossos teólogos, muitos que dediquem suas vidas a cooperar para que o Espírito Santo de Deus seja reconhecido nas vidas dos crentes, no ministério da Palavra em língua ou pena, e em toda a obra feita em Sua Igreja.

Percebi, com profundo interesse, uma nova ênfase sobre a unidade na seguinte oração: que a vida e os ensinamentos cristãos possam ser cada vez mais dirigidos pelo Espírito Santo. Creio que uma das primeiras bênçãos dessa oração em unidade será chamar atenção para as razões pelas quais a oração não é mais visivelmente respondida, bem como uma preparação para receber as respostas de orações. Em minhas leituras sobre esse assunto, bem como em minhas observações das vidas de crentes e minha experiência pessoal, senti-me profundamente impressionado por um pensamento: nossas orações pela obra do Espírito Santo, através de nós, somente podem ser respondidas quando Sua habitação em cada crente é reconhecida e vivida. Temos o Espírito Santo dentro de nós; mas somente aquele que é fiel nas pequenas coisas receberá as maiores. Assim, primeiramente devemos nos render para sermos guiados pelo Espírito, confessar Sua presença em nós, e logo que cada crente perceba e aceite Sua liderança em sua vida diária, Deus confiará a nós maiores medidas de Sua obra. Se nos doarmos completamente ao seu governo dentro de nós, Ele nos dará mais de Si mesmo e operará mais através de nós.

Meu único desejo é que o Senhor use aquilo que escrevi para imprimir e tornar clara, em cada leitor, esta verdade: é como nossa própria vida que o Espírito Santo deve ser conhecido. Em uma fé viva e adoradora, a habitação do Espírito deve ser aceita e entesourada até que se torne parte da consciência da nova pessoa em Cristo: o Espírito Santo me possui. Nessa fé, toda a vida, mesmo nas menores coisas, deve ser rendida à Sua liderança, enquanto tudo que é da carne ou do ego deve morrer. Se nessa fé esperamos em Deus por Sua divina liderança e obra, colocando-nos plenamente à Sua disposição, nossa oração não ficará sem resposta. Haverá manifestações do poder do Espírito na Igreja e no mundo tais que não poderíamos ousar esperar. O Espírito Santo somente requer vasos que sejam completamente separados para Ele. Ele se deleita em manifestar em nós a glória de Cristo nosso Senhor.

Eu convoco cada amado irmão ao ensinamento do Espírito Santo. Possamos nós todos, enquanto estudamos Sua obra, ser participantes da unção que nos ensina todas as coisas.

Andrew Murray

Wellington, Cabo da Boa Esperança,

Africa do Sul
15 de agosto de 1888

1

Um Novo Espírito,
e o Espírito de Deus

*Dar-vos-ei coração novo e porei dentro de vós
espírito novo; tirarei de vós o coração de pedra e vos
darei coração de carne. Porei dentro de vós o meu Espírito e farei
que andeis nos meus estatutos, guardeis os meus juízos e os observeis.*

Ezequiel 36:26-27

Deus revelou a Si mesmo em duas grandes alianças. Na velha temos o tempo da promessa e da preparação; na nova, o cumprimento e a posse. Em harmonia com a diferença entre as duas dispensações, há uma dupla obra do Espírito de Deus. No Antigo Testamento temos o Espírito de Deus vindo sobre as pessoas e trabalhando nelas em momentos e de maneiras especiais: operando de cima, de fora e de dentro. No Novo temos o Espírito Santo entrando nelas e habitando dentro delas: operando de dentro, de fora e por cima. Na anterior temos o Espírito de Deus como o Santo e Todo-Poderoso; na última temos o Espírito do Pai de Jesus Cristo.

A diferença entre as faces da dupla obra do Espírito Santo não deve ser vista como se, com o fechamento do Antigo Testamento, a antiga terminasse e, no Novo, não houvesse mais obras de preparação. De maneira nenhuma. Assim como houve no Antigo Testamento benditas antecipações da habitação do Espírito de Deus, também no Novo o duplo operar ainda continua. Devido à falta de conhecimento, fé ou fidelidade, o crente de hoje pode receber somente um pouco mais do que a medida do Antigo Testamento do operar do Espírito.

O Espírito de habitação foi, de fato, dado a cada filho de Deus, e ainda assim este pode experimentar apenas um pouco mais do que a primeira metade da promessa. Um novo espírito nos é dado na regeneração, mas podemos conhecer quase nada do Espírito de Deus como sendo uma pessoa viva que habita dentro de nós. A obra do Espírito de nos convencer do pecado e da justiça, em Sua direção ao arrependimento, fé e novidade de vida é a obra preparatória. A glória distintiva da dispensação do Espírito é Sua divina habitação pessoal no coração do crente, onde Ele pode lhe revelar plenamente o Pai e o Filho. Somente quando os cristãos entenderem isso estarão aptos a clamar pela plena bênção preparada para eles em Cristo Jesus.

Nas palavras de Ezequiel encontramos, surpreendentemente expressa em uma promessa, a dupla bênção concedida por Deus através de Seu Espírito. A primeira é: "... porei dentro de vós espírito novo..."; isto é, nosso próprio espírito será renovado e vivificado pelo Espírito de Deus. Quando isso estiver terminado, haverá a segunda bênção: "Porei dentro de vós o meu Espírito..." para habitar nesse novo espírito. Deus deve residir em uma habitação. Ele teve que criar o corpo de Adão antes que pudesse soprar o Espírito de vida nele. Em Israel, o tabernáculo e o templo tiveram que ser terminados antes que Deus pudesse enchê-los. De maneira semelhante, um novo coração é dado e um novo espírito é posto dentro de nós como a condição indispensável para a habitação do próprio Espírito de Deus dentro de nós. Encontramos o mesmo contraste na oração de Davi; primeiro: "cria em mim, ó Deus, um coração puro e renova dentro de mim um espírito inabalável."; e depois: "... nem me retires o teu Santo Espírito" (Sl 51:10-11). Veja o que está indicado nas palavras "o que é nascido do Espírito é espírito" (Jo 3:6) Aí está o Espírito divino dando à luz o novo espírito. Os dois são também distintos: "O próprio Espírito testifica com o nosso espírito que somos filhos de Deus" (Rm 8:16). O nosso espírito é o espírito renovado, regenerado. O Espírito de Deus habita em nosso espírito, ainda que distinto desse, mas testifica nele, com ele e através dele.

A importância de reconhecer essa distinção pode ser facilmente percebida. Seremos, então, capazes de entender a verdadeira conexão entre regeneração e a habitação do Espírito. A primeira é a obra do Espírito Santo pela qual Ele nos convence do pecado, leva-nos ao arrependimento e à fé em Cristo, e concede-nos uma nova natureza. O crente torna-se um filho de Deus, um templo adequado para a habitação do Espírito. Onde a fé é exercida, a segunda metade da promessa será cumprida tão seguramente quanto a primeira. Entretanto, enquanto o crente olha somente para a regeneração e renovação trabalhados em seu espírito, não chegará à pretendida vida de alegria a força. Mas quando ele aceita a promessa de Deus de que há algo mais que a nova natureza, que há o Espírito do Pai e do Filho para nele habitar, ali se abre uma maravilhosa perspectiva de santidade e bênção. Seu desejo será conhecer esse Espírito Santo, como Ele trabalha e o que Ele requer de nós, bem como saber como poderá experimentar Sua habitação e a plena revelação do Filho de Deus, já que esta é a obra que Ele deseja realizar.

Certamente, esta questão é frequentemente formulada: "Como são cumpridas essas duas partes da divina promessa? Simultânea ou sucessivamente?". A resposta é muito simples: do lado de Deus a dupla dádiva é simultânea. Deus dá a Si mesmo e Tudo que Ele é. Assim foi no dia de Pentecostes: os três mil receberam um novo espírito pelo arrependimento e a fé; e no mesmo dia em que foram batizados receberam o Espírito de habitação como o selo de Deus sobre sua fé. Através da palavra dos discípulos, o Espírito realizou uma maravilhosa obra entre as multidões, mudando disposições, corações e espíritos. Quando, pelo poder desse novo Espírito que estava neles operando, creram e confessaram, receberam também o batismo do Espírito Santo.

Hoje, quando o Espírito de Deus move-se poderosamente e a Igreja vive em Seu poder, os novos convertidos já podem receber, desde o início de sua vida cristã, o selo e habitação evidentes e conscientes do Espírito. Temos, todavia, indicações nas Escrituras de que pode haver circunstâncias, dependendo da unção do pregador ou da fé dos ouvintes, nas quais as duas metades da promessa não estão tão intimamente ligadas. Assim foi com os crentes em Samaria, convertidos após a pregação de Felipe (At 8:5-17), e também com os convertidos que Paulo encontrou em Éfeso (At 19:1-7). Nesses casos a experiência dos próprios apóstolos foi repetida. Eles foram reconhecidos como homens regenerados antes da morte de nosso

O Espírito de Cristo

Senhor (At 20:22), mas foi no Pentecostes que a outra promessa foi cumprida: "Todos ficaram cheios do Espírito Santo…" (At 2:4). O que foi visto neles – a graça do Espírito dividida em duas manifestações separadas – pode ocorrer ainda hoje.

Quando nem na pregação da Palavra ou no testemunho dos crentes a verdade do Espírito de habitação é claramente proclamada, não devemos ficar admirados de que o Espírito seja somente conhecido e experimentado como o Espírito de regeneração, da nova vida. Sua presença e habitação permanecerão um mistério. Mesmo quando o Espírito de Cristo em toda a Sua plenitude é derramado uma única vez como Espírito de habitação, Ele é recebido e apropriado somente na medida de fé alcançada pelo crente.

O Espírito primeiro opera de fora, sobre e dentro dos crentes em palavras e obras, antes que Ele habite neles e se torne sua possessão pessoal interna. Devemos fazer distinção entre o trabalhar e a habitação do Espírito.

Geralmente se admite na igreja que o Espírito Santo não recebe o reconhecimento que Lhe pertence como sendo igual ao Pai e ao Filho. Ele é, afinal, a pessoa divina unicamente através de quem o Pai e o Filho podem ser verdadeiramente possuídos e conhecidos. Nos tempos da Reforma, o evangelho de Cristo tinha que ser defendido do terrível equívoco que fez da justiça humana (boas obras) o terreno de sua própria aceitação. A salvação pela graça divina tinha de ser sustentada. Às épocas que se seguiram foi confiado o compromisso de edificar sobre esse fundamento e divulgar o que as riquezas da graça fariam pelo crente. A Igreja descansou alegremente naquilo que recebeu (salvação pela graça), mas o ensino daquilo que o Espírito Santo faz a cada crente através de Sua liderança, santificação e fortalecimento não teve o lugar que deveria ter em nossas doutrinas e vida. De fato, se revisarmos a história da Igreja, perceberemos que muitas verdades importantes, claramente reveladas nas Escrituras, foram desprezadas e esquecidas, mas apenas apreciadas por uns poucos cristãos isolados.

Oremos para que Deus, em Seu poder, conceda um poderoso operar do Espírito em Sua Igreja; para que cada filho de Deus possa provar que a dupla promessa está cumprida: "... porei dentro de vós espírito novo; ... porei dentro de vós o meu Espírito...". Oremos para que retenhamos a maravilhosa bênção do Espírito de habitação até que todo nosso ser seja aberto à plena revelação do amor do Pai e da graça de Jesus Cristo.

Essas palavras repetidas de nosso texto: "dentro de vós; dentro de vós" estão entre as palavras-chave da nova aliança. A palavra traduzida como *dentro* não é uma preposição, mas a mesma que aparece aqui e em outras partes como "seu íntimo" e "pensamento íntimo" (Sl 5:9 e 49:11). "... porei o meu temor *no seu coração*, para que nunca se apartem de mim" (Jr 32:40). Deus criou o coração do homem para Sua habitação. O pecado entrou e o corrompeu. O Espírito de Deus empenhou-se em recuperar a posse. Na encarnação e expiação de Cristo a redenção foi obtida e o reino de Deus estabelecido. Jesus pôde dizer: "Porque o reino de Deus está *dentro de vós*" (Lc 17:21). É *dentro* que devemos procurar pelo cumprimento da nova aliança, a aliança não de ordenanças, mas de vida.

No poder de uma vida eterna, a lei e o temor de Deus devem ser estampados em nosso coração; o Espírito do próprio Cristo deve habitar dentro de nós como o poder de nossas vidas. Não somente no Calvário, na ressurreição ou no trono deve ser vista a glória de

Cristo, o conquistador, mas *em nosso coração*. Dentro de nós deve estar a verdadeira manifestação da realidade e glória de Sua redenção. Dentro de nós, no íntimo de nosso ser, está o santuário oculto onde a arca da aliança é aspergida com o sangue. Ela contém a lei escrita num manuscrito eterno pelo Espírito de habitação, e onde, através do Espírito, o Pai e o Filho vêm agora habitar.

Oh meu Deus! Eu Te agradeço por esta dupla bênção. Agradeço-Te por esse maravilhoso templo santo que Tu edificaste em mim para Ti mesmo, por esse novo espírito posto dentro em mim. Agradeço-Te por essa ainda mais maravilhosa santa presença, Teu próprio Espírito, habitar dentro de mim e ali revelar o Pai e o Filho a mim.

Oro para que o Senhor abra os meus olhos para o mistério do Teu amor. Permita que Tuas palavras ponham-me de joelhos em temor e tremor ante a Tua condescendência e que seja meu único desejo ter meu espírito de fato como a digna habitação do Teu Espírito. Permita que eles me elevem em santa confiança e expectativa para buscar e proclamar tudo aquilo que Tua promessa significa.

Oh Pai, eu Te agradeço porque Teu Espírito habita dentro de mim. Possa meu caminhar diário estar em profunda reverência por Tua santa presença comigo e pela grata experiência de tudo que Ele opera em e através de mim. Amém.

Resumo

1. Aqui temos a razão pela qual muitos falham em seus esforços para habitar em Cristo, andar como Cristo, viver em santidade em Cristo. Eles não conhecem plenamente a provisão todo-suficiente que Deus fez para habilitá-los para isso. Eles não têm a clara convicção de que o Espírito Santo operará neles e através deles tudo o que lhes é necessário.

2. A distinção entre um novo espírito e Seu Espírito dentro de mim é da mais profunda importância. No novo espírito dado a mim, eu tenho uma obra de Deus em mim; no Espírito de Deus habitando em mim, tenho o próprio Deus, uma pessoa viva. Que diferença entre ter uma casa construída por um amigo rico e dada a mim e ter o amigo rico vindo morar comigo e satisfazer cada necessidade e desejo meu!

3. O Espírito é dado tanto como edificador quanto como habitante de nosso templo. Não podemos habitar até que Ele edifique, e Ele edifica para que possa habitar conosco.

4. Deve haver harmonia entre uma casa e seu ocupante. Quanto mais eu conheço esse santo Convidado, mais eu entregarei o íntimo do meu ser para que Ele ordene, guie e adorne como O agrade.

5. O Espírito Santo é a verdadeira expressão do Pai e do Filho. Meu espírito é a verdadeira expressão de mim mesmo. O Espírito Santo renova o âmago de meu ser, e então nele habita e o preenche. Ele se torna para mim o que era para Jesus: a própria vida da minha personalidade.

2

O Batismo do Espírito

E João testemunhou, dizendo: Vi o Espírito descer do céu como pomba e pousar sobre ele. Eu não o conhecia; aquele, porém, que me enviou a batizar com água me disse: Aquele sobre quem vires descer e pousar o Espírito, esse é o que batiza com o Espírito Santo.

João 1:32-33

Houve duas coisas que João Batista pregou a respeito da pessoa de Cristo. Primeiro que Ele era o Cordeiro de Deus que tira o pecado do mundo e, segundo, que Ele batizaria Seus discípulos com o Espírito Santo e com fogo. O sangue do Cordeiro e o batismo do Espírito eram as duas verdades centrais de seu credo e pregação. Elas são, de fato, inseparáveis. A Igreja não pode realizar sua obra em poder, nem o seu Senhor exaltado pode ser glorificado nela a menos que o sangue como a pedra fundamental e o Espírito como a pedra angular sejam plenamente pregados.

Isto nem sempre tem sido feito, mesmo entre aqueles que de todo o coração aceitam as Escrituras como seu guia. A pregação do Cordeiro de Deus, Seu sofrimento, expiação, perdão e a paz através d'Ele são mais facilmente compreendidos e mais prontamente influenciam nossos sentimentos do que a verdade espiritual do batismo, habitação e liderança do Espírito Santo. O derramamento do sangue de Cristo aconteceu na Terra; foi algo visível e evidente e, em virtude dos sinais, completamente inteligível. O derramamento do Espírito aconteceu do céu, um mistério divino e oculto. O derramar do sangue foi para os impiedosos e rebeldes; o dom do Espírito, para o obediente e amoroso discípulo. Não é de admirar que a Igreja, frequentemente deficiente em amor e obediência, considere mais difícil receber a verdade do batismo do Espírito do que a da redenção e perdão.

E ainda assim, Deus não desejava isso. A promessa do Antigo Testamento fala do Espírito de Deus dentro de nós. O precursor (João Batista) seguiu a mesma linha e não pregou o Cordeiro remidor sem deixar de nos dizer até onde chegaria nossa redenção e como o supremo propósito de Deus seria cumprido em nós. O pecado trouxe não somente culpa e condenação, mas degeneração e morte. Incorreu não somente na perda do favor de Deus, como também nos fez inadequados para a comunhão divina.

Sem comunhão, o Amor que criou o homem não poderia estar satisfeito. Deus nos queria para Ele mesmo — nosso coração, afetos, personalidade íntima e nosso verdadeiro ser — uma morada para Seu

O Espírito de Cristo

amor, um templo para Seu louvor. A pregação de João incluiu tanto o começo como o fim da redenção: o sangue do Cordeiro foi para purificar o templo de Deus e restaurar o Seu trono dentro do coração. Somente o batismo no Espírito Santo e Sua plena habitação podem satisfazer o coração de Deus e do homem.

Jesus daria somente aquilo que recebeu. Porque o Espírito pousou n'Ele quando foi batizado, Ele poderia batizar com o Espírito. O Espírito descendo e habitando n'Ele significava que Ele havia nascido do Espírito Santo; no poder do Espírito havia crescido; havia entrado na humanidade livre de pecado, e agora havia vindo a João para cumprir toda a lei da justiça pela submissão ao batismo de arrependimento, apesar de não haver pecado. Como recompensa por Sua obediência, Ele teve o selo de aprovação do Pai. Ele recebeu uma nova comunicação do poder da vida celestial. Além daquilo que Ele já havia experimentado, a presença e o poder residente do Pai tomaram posse d'Ele e O equiparam para Sua obra. A liderança e o poder do Espírito se tornaram Seus de maneira mais consciente do que antes (Lc 4:1, 14, 22); Ele estava agora ungido com o Espírito Santo e com poder.

Apesar de batizado, Ele ainda não podia batizar outros. Primeiro, no poder de Seu batismo, Ele deveria enfrentar a tentação e vencê-la. Ele teria que aprender a obediência e sofrimento e, através do Espírito eterno, oferecer-se a Si mesmo como sacrifício a Deus e à Sua vontade – somente então Ele receberia o Espírito Santo como recompensa da Sua obediência (At 2:33) com o poder de batizar todos os que pertencem a Ele.

A vida de Jesus ensina-nos o que é o batismo do Espírito. É mais do que a graça pela qual nos voltamos para Deus, somos salvos e buscamos viver como filhos de Deus. Quando Jesus lembrou Seus discípulos da profecia de João (At 1:4-5), eles já eram participantes da graça. O batismo com o Espírito significava algo mais. Seria a presença consciente do Senhor glorificado descendo dos céus para habitar em seus corações. Seria a participação deles no poder de Sua nova vida. Era um batismo de regozijo e poder. Tudo o que eles haveriam de receber em sabedoria, coragem e santidade tinha suas raízes nisso: o que o Espírito foi para Jesus quando Ele foi batizado, o vínculo vivo com o poder e a presença do Pai, Ele seria para os discípulos. Através do Espírito, o Filho manifestaria a si mesmo, e o Pai e o Filho fariam morada neles.

"Aquele sobre quem vires descer e pousar o Espírito, esse é o que batiza com o Espírito Santo" (Jo 1:33). Esta palavra é para nós assim como foi para João. Para sabermos o que significa o batismo do Espírito e como haveremos de recebê-lo, devemos olhar para Aquele sobre quem o Espírito desceu e pousou. Devemos ver Jesus batizado com o Espírito Santo. Ele necessitava desse batismo, foi preparado e rendeu-se a ele. Foi através do poder do Espírito Santo que Ele deu Sua vida e então ressuscitou dos mortos. O que Jesus tem a nos dar, Ele primeiramente recebeu e pessoalmente apropriou-se; o que Ele recebeu e ganhou para Si mesmo foi totalmente para nosso benefício. Permita, então, que Ele lhe dê esta dádiva.

A respeito desse batismo do Espírito, há questões que se levantam. Nem todas terão as mesmas respostas. Foi o derramamento do Espírito no Pentecostes o completo cumprimento da promessa? Foi ele o único batismo do Espírito, dado de uma só vez à recém-nascida Igreja? Ou devem também as descidas do Espírito Santo sobre os discípulos (At 4); sobre os samaritanos (At 8); sobre os gentios na casa de Cornélio (At 10); e sobre os doze discípulos em Éfeso (At 19)

O Espírito de Cristo

ser consideradas como cumprimentos separados das palavras: "Ele batizará com o Espírito Santo"? Deve o selo do Espírito, dado a cada crente na regeneração, ser contado como um batismo do Espírito? Ou é, como dizem alguns, uma bênção distinta, individual a ser recebia em momento posterior? É uma bênção dada somente uma vez ou pode ser repetida e renovada? No curso de nosso estudo, a Palavra de Deus lançará luz sobre essas questões. A princípio, porém, não devemos nos permitir estar por demais preocupados com elas. Em vez disso, devemos fixar nosso coração nas grandes lições espirituais que Deus tem a nos ensinar pela pregação do batismo do Espírito Santo. Há duas em particular.

A primeira é que o batismo do Espírito Santo é a coroa e glória da obra de Jesus, e devemos reconhecer isso se desejamos viver a verdadeira vida cristã. Jesus necessitava disso. Os obedientes discípulos de Cristo necessitavam disso. É mais do que o trabalhar do Espírito na regeneração. É o Espírito pessoal de Cristo presente dentro de nós, habitando no coração, no poder de Sua natureza glorificada. É o Espírito da vida de Cristo Jesus nos tornando livres da lei do pecado e da morte e nos trazendo, em experiência pessoal, para a liberdade do pecado para a qual Cristo nos redimiu. Para muitos é compreendido como uma bênção dada em nosso favor, apesar de não ser verdadeiramente usufruída pela maioria dos crentes. Mas é esse poder que nos enche de ousadia perante as tentações e dá-nos vitória sobre o mundo e o inimigo. É o cumprimento do que Deus pretendia quando disse: "Habitarei e andarei entre eles..." (2 Co 6:16).

A segunda lição é que é Jesus quem nos batiza. Quer consideremos esse batismo como algo que já possuímos e sobre o qual somente necessitamos uma compreensão mais firme, ou algo que devemos receber, todos concordaremos que é somente em relacionamento com Jesus, em fiel comunhão e obediência a Ele, que uma vida cheia do Espírito pode ser mantida. "Quem crer em mim", disse Jesus, "do seu interior fluirão rios de água viva" (Jo 7:38). Necessitamos de uma fé viva no Jesus que em nós habita. Fé é o instinto da nova natureza que reconhece e recebe a nutrição divina. Confiemos em Jesus que nos enche com Seu Espírito e agarremo-nos a Ele em amor e obediência. Olhemos para Ele para que adentremos no pleno significado do batismo do Espírito em nossa vida.

Lembremo-nos de que aquele que é fiel no pouco sobre o muito será colocado. Então, seja fiel àquilo que você já tem e conhece do trabalhar do Espírito. Considere-se, com profunda reverência, como o templo santo de Deus hoje. Espere por Ele e dê ouvidos ao mais suave sussurro do Espírito de Deus dentro de você. Dê ouvidos particularmente à consciência que foi purificada no sangue. Mantenha-a pura pela simples e infantil obediência. Em seu coração pode haver pecado involuntário sobre o qual você se sente impotente. É a raiz de egoísmo que deve ser trazida à cruz. Leve todo pecado para ser purificado pelo sangue.

Com respeito às suas ações voluntárias, diga diariamente ao Senhor Jesus que tudo o que você sabe ser agradável a Ele você fará. Renda-se à reprovação da consciência quando falhar; mas volte, tenha esperança em Deus, e renove seu voto: o que eu sei que Deus quer que eu faça, eu farei. Peça humildemente toda manhã e espere por direção; você virá a conhecer a voz do Espírito e conhecerá Sua força e poder para vencer. Jesus teve os discípulos por três anos em sua classe de batismo, e então veio a bênção. Seja Seu amante, obediente discípulo e creia n'Aquele sobre quem o Espírito pousou. Então você também estará preparado para a plenitude da bênção do batismo do Espírito.

Bendito Senhor Jesus! Com todo meu coração eu Te louvo, como exaltado no trono para batizar com o Espírito Santo. Oh, revela-Te a mim nessa Tua glória para que eu conheça o que devo esperar de Ti.

Eu Te bendigo porque em Ti contemplei a preparação para receber o Espírito Santo em Sua plenitude. Mesmo em Tua obra em Nazaré, o Espírito esteve sempre contigo. E ainda quando Tu rendeste a Ti mesmo para cumprir toda a justiça e entrar em comunhão com os pecadores que vieste a salvar, em participação de seu batismo, Tu recebeste do Pai um novo derramar de Teu Santo Espírito. Foi para Ti o selo de Teu amor, a revelação de Tua habitação e o poder para servir. E agora Tu, sobre quem vemos o Espírito descer e habitar, fazes por nós o que o Pai fez por Ti.

Senhor, eu Te bendigo porque o Espírito Santo está em mim também. Mas Te peço ainda que me dês a plena, abundante medida que prometeste. Que Ele seja para mim a incessante revelação da Tua presença em meu coração, tão gloriosa e tão poderosa como és em Teu no trono dos céus. Senhor Jesus, batiza-me com o Espírito Santo. Amém.

RESUMO

1. Toda a dádiva e trabalhar divinos estão no poder de uma vida eterna. Assim podemos olhar para Jesus a cada dia, a Luz bendita desse mundo: Ele batiza com o Espírito Santo. Ele purifica com o sangue e reveste com o Espírito de acordo com cada nova necessidade.

2. Mantenhamos inseparáveis em nossa fé as duas verdades que João Batista pregou: Jesus, como o Cordeiro, tira o pecado; Jesus, como o Ungido, batiza com o Espírito. Foi somente em virtude do derramamento de Seu sangue que Ele recebeu o Espírito para transmiti-lo a nós. É conforme a cruz é pregada que o Espírito opera. É conforme eu creio no precioso sangue que purifica de todo o pecado, e ando perante Deus com uma consciência aspergida com o sangue, que posso clamar pela unção do Espírito. O sangue e o óleo andam juntos. Eu necessito de ambos. Eu tenho ambos em Jesus, o Cordeiro no trono.

3

ADORAÇÃO NO ESPÍRITO

*Mas vem a hora e já chegou, em que os verdadeiros
adoradores adorarão o Pai em espírito e em verdade; porque são
estes que o Pai procura para seus adoradores. Deus é espírito;
e importa que seus adoradores o adorem em espírito e em verdade.*

João 4:23-24

*Porque nós é que somos a circuncisão, nós que
adoramos a Deus no Espírito, e nos gloriamos
em Cristo Jesus, e não confiamos na carne.*

Filipenses 3:3

Adorar é a maior glória do homem. Ele foi criado para comunhão com Deus e, dessa comunhão, a adoração é a maior das expressões. Todos os exercícios da vida cristã – meditação, oração, amor, fé, rendição e obediência – culminam na adoração. Reconhecendo quem Deus é em Sua santidade, glória e amor e percebendo quem eu sou como uma criatura pecadora e como um filho redimido do Pai, em adoração eu tomo o meu ser e o apresento a Deus. Ofereço a Ele a adoração e glória que Lhe são devidas. A mais verdadeira, mais plena e mais íntima aproximação de Deus é a adoração. Cada sentimento e cada serviço da vida cristã estão incluídos nisso: a adoração é o mais elevado destino do homem porque nela Deus é tudo.

Jesus nos diz que com a Sua vinda uma nova adoração iria começar. Tudo o que os gentios ou os samaritanos chamavam de adoração, tudo o que até mesmo os judeus conheciam sobre adoração, de acordo com a revelação providencial da lei de Deus, daria passagem a algo distinto e inteiramente novo: adoração em espírito e em verdade. Esta é a adoração que Ele inauguraria ao nos dar Seu Espírito Santo. Esta é tão somente a adoração que é agradável ao Pai. É para essa adoração em particular que recebemos o Espírito Santo. Abracemos, desde o início de nosso estudo sobre a obra do Espírito, a bendita verdade de que o grande propósito para o qual o Espírito de Deus está dentro de nós é para que adoremos em espírito e em verdade. "Porque são estes que o Pai procura para seus adoradores" (Jo 4:23). Para este propósito Ele enviou Seu Filho e Seu Espírito.

Em espírito

Quando Deus criou o homem como alma vivente, aquela alma, como morada e órgão de sua personalidade e consciência, estava ligada, de um lado, pelo corpo, com o mundo exterior visível e, de outro lado, por meio do espírito, com o invisível e o divino. A alma tinha de escolher entre se render ao espírito e por ele ser ligada a Deus e Sua vontade, ou ao corpo e às solicitações do visível. Na queda, a alma recusou o governo do espírito e se tornou escrava do corpo com seus apetites terrenos. O homem tornou-se carnal; o espírito perdeu o seu lugar de governo a ele destinado e tornou-se pouco mais que um poder dormente. Não era mais, agora, o princípio governante, mas um prisioneiro em luta. E o espírito agora se coloca em oposição à *carne* (a palavra para a vida da alma e corpo juntos) em sua sujeição ao pecado.

Ao falar do homem não regenerado em contraste com o espiritual (1 Co 2:14), Paulo o chama de o homem natural. A vida da alma compreende todas as nossas faculdades morais e intelectuais; elas podem até mesmo ser dirigidas para as coisas de Deus, mas por meio da renovação do Espírito divino. Porque a alma está sob o poder da carne, diz-se do homem que *se tornou* carnal, como sendo carne. Como o corpo consiste de carne e osso, e a carne é a parte que é especialmente dotada de sensibilidade e através da qual recebemos sensações do mundo exterior, a carne denota a natureza humana. Ela se tornou sujeita ao mundo dos sentidos. E porque a alma veio, então, estar sob o poder da carne, as Escrituras falam de todos os atributos da alma como pertencentes à carne e subjugados pelo seu poder. Assim são contrastados os dois princípios pelos quais as práticas da cristandade e da adoração podem proceder. Há uma sabedoria carnal e uma sabedoria espiritual (1 Co 2:12). Há um serviço a Deus, confiando na carne e se gloriando na carne, e um serviço a Deus pelo espírito (Fp 3:3-4). Há uma mente carnal e uma mente espiritual. Há uma adoração que é agradável à carne, porque é no poder do que a carne pode fazer, e uma adoração a Deus que é no espírito. É esta a adoração que Jesus veio tornar possível e realizar em nós, dando-nos um novo espírito em nosso mais íntimo ser e então, dentro dele, o Espírito Santo de Deus.

Em verdade

Adoração em espírito é adoração em verdade. Assim como as palavras *em espírito* não significam "interna" (como em contraste com "observância externa"), mas espiritual, trabalhada em nós pelo Espírito de Deus (em oposição àquilo que o poder natural do homem pode efetuar), também as palavras *em verdade* não significam "sincera" e "correta". Em toda a adoração dos santos do Antigo Testamento, sabia-se que Deus procurava a verdade no íntimo; então eles O buscavam com todo o seu coração, e ainda assim não obtiveram aquela adoração em espírito e em verdade que Jesus tornou possível quando rasgou o véu da carne.

Verdade aqui significa a substância, a realidade, a verdadeira possessão de tudo o que a adoração a Deus implica, tanto quanto ao que ela exige quanto ao que ela promete. João fala de Jesus como "o unigênito do Pai... cheio de graça e de verdade" (Jo 1:14). E ele acrescenta: "Porque a lei foi dada por intermédio de Moisés; a graça e a verdade vieram por meio de Jesus Cristo" (v. 17). Se compararmos verdade e falsidade, a lei de Moisés era tão verdadeira quanto o evangelho de Jesus; ambos vieram de Deus. Mas a lei era somente uma sombra dos benefícios que viriam; o próprio Cristo era a substância dessas boas coisas porque Ele mesmo era a verdade, a realidade de Deus concedida a nós. Assim, somente a adoração *em espírito* é adoração *em verdade*, verdadeiro gozo do poder divino que é a própria vida de Cristo e a comunhão com o Pai, revelada e sustentada dentro de nós pelo Espírito Santo.

Verdadeiros adoradores adoram ao Pai em espírito e em verdade. Todos os que adoram não são, necessariamente, *verdadeiros* adoradores. Pode haver uma grande parte de adoração séria e honesta sem que esta seja uma adoração em espírito e em verdade. A mente pode

O *Espírito de Cristo*

estar intensamente atenta, os sentimentos profundamente agitados, a vontade fortemente motivada, e ainda assim é possível, ao mesmo tempo, haver muito pouca adoração espiritual que se firma na verdade de Deus. Pode até haver uma grande correlação com a verdade bíblica, mas se a motivação daquele que adora provém de seu próprio esforço, não haverá a adoração inspirada pelo Espírito que Deus procura em nós. Deve haver verdadeira harmonia entre Deus, que é Espírito, e o adorador que se aproxima em espírito. O infinito Espírito Santo, a verdadeira expressão de Deus o Pai, deve ser refletido no espírito de Seus filhos. E isto somente pode acontecer conforme o Espírito de Deus habita em nós.

Se vamos nos tornar adoradores em espírito e em verdade, a primeira coisa que precisamos perceber é o perigo de adorar na carne. Como crentes, temos em nós uma dupla natureza – carne e espírito. Uma é a parte natural, sempre pronta a exaltar-se e a encarregar-se de fazer o que for necessário na adoração a Deus, mas de forma inadequada. A outra é a parte espiritual, a qual, se for fraca, terá sua ação impedida pela carne no ato da adoração. Nossa mente pode se deleitar no estudo da Palavra de Deus, podemos até mesmo ser movidos pelos pensamentos que ela provoca, mas podemos ainda ser impotentes para obedecer à lei, render a obediência e adoração adequadas (Rm 7:22-23).

Precisamos da habitação do Espírito para a vida e a adoração. Para recebê-lo plenamente, a carne deve ser silenciada. "Cale-se toda a carne diante do Senhor" (Zc 2:13). A Pedro já havia sido revelado que Jesus era o Cristo, mas mesmo assim ele não aceitou o fato da cruz . Sua mente não estava em sintonia com os planos de Deus, mas com as coisas dos homens. Nossas próprias ideias sobre as verdades divinas, nossos próprios esforços para produzirmos os pensamentos e sentimentos corretos devem ser abandonados; nosso próprio poder para adorar deve ser visto como ele é: insuficiente. Toda aproximação a Deus deve acontecer sob uma total inspiração e quieta rendição ao Espírito Santo. À medida que aprendermos o quanto é impossível assegurarmos voluntariamente a obra do Espírito, também aprenderemos que se desejamos adorar no Espírito, devemos andar no Espírito. "Vós, porém, não estais na carne, mas no Espírito, se, de fato, o Espírito de Deus habita em vós" (Rm 8:9). Nossa adoração no Espírito depende do quanto Ele nos enche e nos governa.

"Mas vem a hora e já chegou, em que os verdadeiros adoradores adorarão o Pai em espírito e em verdade; porque são estes que o Pai procura para seus adoradores" (Jo 4:23). Sim, o Pai busca tais adoradores, e, os que Ele busca, encontra, pois Ele mesmo é quem os chama. Para que possamos ser tais adoradores, o Pai enviou Seu próprio Filho para buscar e salvar os perdidos, para que nos tornássemos Seus verdadeiros adoradores, que penetram através do véu rasgado da Sua carne e O adoram no Espírito. O Espírito de Seu Filho é a expressão da verdade e da realidade de quem Cristo havia sido na Terra. Sua presença real comunica em nosso interior a mesma vida que Cristo viveu. A hora chegou e é agora! Vivemos no momento em que os verdadeiros adoradores de Cristo podem adorar ao Pai em espírito e em verdade. Creiamos nisso! O Espírito foi dado e habita em nós por esta razão: o Pai busca verdadeiros adoradores. Regozijemo-nos na confiança de que podemos chegar a esse ponto porque o Espírito Santo nos foi dado.

Percebamos em santo temor e tremor que Ele habita dentro de nós. Rendamo-nos humildemente, no silêncio da carne, à Sua liderança e ensino. Esperemos em fé perante Deus por Sua obra. Que cada novo vislumbre do que significa a obra do Espírito, cada exercício de fé em Sua habitação ou experiência de Sua obra, termine em adoração ao Pai, dando-Lhe louvor, graças, honra e amor que pertencem a Ele somente.

Oh Deus! Tu somente és Espírito, e aqueles que te adoram devem adorar-te em espírito e em verdade. Mandaste teu próprio Filho para habitar em nós e nos equipar para isto. E agora temos acesso ao Pai, assim como através do Filho, também no Espírito.

Confessamos, com vergonha, quanto de nossa adoração tem sido no poder e na vontade da carne. Por esta razão Te desonramos, entristecemos Teu Espírito e trouxemos infinitas perdas para nossas próprias almas. Perdoa-nos, oh Pai, e salve-nos deste pecado. Ensina-nos, imploramos, nunca tentar adorar-Te por nossa própria vontade e caminhos, mas em espírito e em verdade.

Teu Santo Espírito habita em nós. Conforme as riquezas de Tua glória, fortalece-nos com poder por meio d'Ele de modo que nosso homem interior possa ser o templo espiritual que Tu desejas, onde sacrifícios espirituais são oferecidos. Ensina-nos a bendita arte, sempre que entrarmos em Tua presença, de silenciarmos o ego e a carne e esperarmos pelo Teu Espírito, que está em nós, para ajudar-nos na verdadeira adoração, buscando uma fé e amor que são aceitáveis a Ti, através de Cristo Jesus. Possa Tua Igreja universal render-Te adoração em espírito e em verdade dia a dia. Nós Te pedimos em nome de Jesus. Amém.

RESUMO

1. É na adoração que o Espírito Santo mais completamente alcança o propósito para o qual foi dado; é na adoração que Ele pode provar plenamente quem Ele é. Se nós desejamos a consciência e o poder da presença do Espírito fortalecida em nós, precisamos adorar. O Espírito nos equipa para a adoração, e esta nos equipa para o Espírito.

2. Não é apenas a oração que é adoração. Adoração consiste num reverente prostrar-se ante a Sua santa presença. Muitas vezes, sem palavras, "o povo dobrou suas cabeças e adorou" (Êx 12:27; Ne 8:6). "Também os anciãos prostraram-se e adoraram" (Ap 5:14). Às vezes a adoração deles era simplesmente "Amém! Aleluia!" (Ap 19:4).

3. Infelizmente há adoração, mesmo entre crentes, que não parte do espírito, muito menos que é no Espírito. Na adoração particular, familiar ou pública, há muita entrada precipitada na presença de Deus pelo poder da carne com pouca ou nenhuma espera no Espírito para elevar-nos em direção ao céu! É somente a presença e o poder do Espírito Santo que nos equipa para uma adoração aceitável.

4. A grande barreira para o nosso próprio espírito é a carne. O segredo da adoração espiritual é silenciar a carne, submetendo-a à morte de cruz. Conscientes da ação e capacidade da carne em imitar, devemos humildemente esperar pela vida e poder do Espírito tomarem o lugar da carne e do ego.

5. Como é a nossa vida, assim deve ser a nossa adoração. Devemos estar sendo guiados e regidos pelo Espírito em nossa vida diária para que Ele nos inspire à verdadeira adoração. Uma vida em obediência à vontade de Deus e vivida em Sua presença habilita-nos a adorar corretamente. Possa Deus convencer-nos da pecaminosidade e ineficácia da adoração que não é em espírito e em verdade.

6. O Espírito é dado para adoração. Em uma atitude de adoração, vamos humilde e reverentemente esperar em Deus.

4

O Espírito e a Palavra

*O espírito é o que vivifica; a carne para nada aproveita;
as palavras que eu vos tenho dito são espírito e são vida.
Senhor, para quem iremos? Tu tens as palavras da vida eterna*

João 6:63, 68

*O qual nos habilitou para sermos ministros de uma
nova aliança, não da letra, mas do espírito; porque
a letra mata, mas o espírito vivifica.*

2 Coríntios 3:6

Nosso bendito Senhor falou de Si mesmo como o pão da vida e de Sua carne e sangue como a comida e bebida da vida eterna. Para muitos de Seus discípulos este foi um duro discurso, o qual não puderam suportar. Jesus disse-lhes que seria somente quando o

Espírito viesse, e neles habitasse, que Suas palavras tornar-se-iam mais claras para eles. Ele diz: "O Espírito é o que vivifica; a carne para nada aproveita...".

Nestas palavras e nas correspondentes de Paulo, temos a explicação que mais se aproxima do que pode ser chamado de uma definição do Espírito. Veja em 1 Coríntios 15:45 a expressão: "o espírito vivificante." O Espírito sempre atua, em primeiro lugar, quer em natureza ou em graça, como um princípio vivificante. É da mais profunda importância ater-se firmemente a isso. A Sua obra no crente – selando, santificando, iluminando e fortalecendo – é arraigada nisto: quando Ele é reconhecido e honrado e um lugar Lhe é dado; quando Ele é aguardado como sendo a vida interior da alma, que Suas outras obras graciosas são experimentadas. Estas são consequências da vida interior; é no poder da vida interior que elas podem ser desfrutadas. "O Espírito é o que vivifica." Em contraste, nosso Senhor disse: "... a carne para nada aproveita". Ele não está falando aqui da carne como o fundamento do pecado. Em seu aspecto espiritual, a carne é o poder no qual o homem natural, ou mesmo o crente que não está plenamente rendido ao Espírito, busca servir a Deus ou conhecer e reter as realidades espirituais. A ineficácia de todos os seus esforços está indicado na descrição: "para nada aproveita". Seus esforços simplesmente não são suficientes; eles são ineficazes para alcançarmos a realidade espiritual. Paulo mencionou a mesma coisa quando disse que a letra mata. Toda a dispensação da lei foi tão somente da letra e da carne. Embora ela tivesse certa glória e os privilégios de Israel fossem muito grandes, ainda assim, como diz Paulo, "porquanto, na verdade, o que, outrora, foi glorificado, neste respeito, já não resplandece, diante da atual sobre-excelente glória" (2 Co 3:10). Mesmo Cristo, quando estava na

O Espírito de Cristo

carne, antes que viesse a dispensação do Espírito, estava restrito para efetuar nos Seus discípulos tudo o que desejava.

"... as palavras que eu vos tenho dito são espírito e são vida" (Jo 6:63). Ele desejava ensinar aos discípulos duas coisas. A primeira é que palavras são sementes vivas com poder para germinar, para brotar, assegurando sua própria vitalidade, revelando sua própria natureza, e provando seu poder naqueles que as recebem e as guardam em seus corações. Ele não queria que eles fossem desencorajados se não compreendessem tudo de uma vez. Suas palavras são espírito e vida; elas não eram destinadas apenas para entendimento, mas para a própria vida. Vindas no poder do Espírito, mais altas e profundas que todo pensamento, elas penetrariam a própria raiz de nossa vida. Elas têm em si mesmas a vida divina operando com poder a verdade que expressam, conduzindo aqueles que as recebem à experiência das palavras.

A segunda, como uma consequência disso, é que Suas palavras requerem uma natureza espiritual para recebê-las. Sementes precisam de um solo adequado: deve haver vida tanto no solo quanto na semente. Não só na mente, nos sentimentos ou até mesmo na vontade, mas a Palavra deve ser conduzida através desses meios para dentro da vida. O centro desta vida é nossa natureza espiritual, tendo a consciência como sua voz. Lá a autoridade da Palavra deve ser reconhecida. Mas nem mesmo isso é o suficiente, pois a consciência de uma pessoa pode estar subjugada a poderes que ela não pode controlar. É o Espírito que vem de Deus, o Espírito que traz vida e, através da Palavra, aplica a verdade e o poder em nós.

Em nosso estudo da obra do Espírito Santo, nunca é demais sermos diligentes em ganhar uma firme segurança nessa verdade.

Ela nos salvará do erro. Ela nos preservará do erro de pensarmos que podemos aprender sobre o Espírito sem a Palavra ou de estudarmos a Palavra desconsiderando a liderança e a iluminação do Espírito. Na Santa Trindade, a Palavra e o Espírito são unidos – são um com o Pai. Não é diferente com as palavras das Escrituras, inspiradas por Deus. O Espírito Santo tem comunicado, através dos tempos, os pensamentos de Deus pela Palavra escrita, e vive agora, para esse propósito, em nossos corações: revelar o poder e o significado dessa Palavra.

Se você deseja ser cheio do Espírito, seja cheio da Palavra. Se você deseja ter a vida divina do Espírito dentro de você, sendo fortalecida em cada parte da sua natureza, permita que a palavra de Cristo habite em você ricamente. Se você deseja que o Espírito cumpra seu ofício de trazer à mente no exato momento e aplicar com precisão divina à sua necessidade aquilo que Jesus disse, permita que as palavras de Cristo residam em você. Se você deseja que o Espírito lhe revele a vontade de Deus em cada circunstância da vida, decidindo o que você deve fazer em meio às necessidades e opções conflitantes, com precisão inerrante, sugerindo a Sua vontade conforme a sua necessidade, tenha a Palavra vivendo em você, pronta para que Ele a use. Se você deseja ter a Palavra eterna como sua luz, permita que a Palavra escrita seja transcrita em seu coração pelo Espírito Santo. "As palavras que eu vos tenho dito são espírito e são vida." Tome-as e faça delas um tesouro: é através delas que o Espírito manifesta Seu poder vivificante.

Compare cuidadosamente Efésios 5:18-19 e Colossenses 3:16 e veja como a jubilosa comunhão da vida cristã, descrita com as mesmas palavras, em um texto é mostrada como tendo origem na vida cheia do Espírito, e no outro texto, numa vida repleta da Palavra.

O Espírito de Cristo

Não pense, nem por um momento, que a Palavra de Deus transmitirá sua vida a você sem que antes seja confirmada pelo Espírito e, em seguida, apropriada em sua vida interior. Quanto da leitura das Escrituras, seu estudo e pregação têm como principal objetivo chegar ao verdadeiro significado da Palavra? Muitos pensam que se souberem exatamente o que ela significa, a consequência natural será a bênção que a Palavra pretendia produzir. Mas não é assim. A Palavra é uma semente. Em toda semente há uma parte na qual a vida está escondida. Pode-se ter a mais perfeita semente em substância, mas a menos que ela seja exposta em um solo adequado à ação do sol e umidade, pode nunca chegar à vida. Podemos entender as palavras e doutrinas da Escritura com nosso intelecto e ainda assim conhecer pouco de sua vida e poder. Precisamos lembrar a nós mesmos, e à igreja, que as Escrituras proferidas por homens santos da antiguidade conforme eram movidos pelo Espírito Santo somente podem ser entendidas por homens santos a medida que são ensinados pelo mesmo Espírito.

Esta é uma das sérias lições que a história dos judeus no tempo de Cristo nos ensina. Eles eram extremamente zelosos, assim acreditavam, pela Palavra e pela honra de Deus e, mesmo assim, aconteceu que toda a sua dedicação foi devotada à própria interpretação humana da Palavra de Deus. Jesus lhes disse: "Examinais as Escrituras, porque julgais ter nelas a vida eterna, e são elas mesmas que testificam de mim. Contudo, não quereis vir a mim para terdes vida" (Jo 5:39-40). Eles de fato criam nas Escrituras para levá-los à vida eterna, e ainda assim nunca perceberam que essas palavras testificavam de Cristo e por isso não foram a Ele. Eles estudaram e aceitaram as Escrituras na luz e poder de sua razão e entendimento humanos ao invés de estudá-las na luz e no poder do Espírito de Deus como sua vida.

A fraqueza na vida de tantos crentes é que mesmo lendo e conhecendo consideravelmente as Escrituras, não usufruem do Espírito que as vivifica e não sabem que a carne — entendimento humano, mesmo que inteligente, mesmo que determinado — para nada serve. Eles pensam que têm nas Escrituras a vida eterna. Mas conhecem pouco do Cristo vivo no poder do Espírito como sua verdadeira vida.

O que é necessário fazer é muito simples: devemos firmemente nos recusar em tentar interpretar a Palavra escrita sem o Espírito vivificante. Nunca tomemos as Escrituras em nossas mãos, mentes ou bocas, sem perceber a necessidade e a promessa do Espírito. Primeiro, em um ato de fé silenciosa, olhe para Deus para que Ele dê e renove as obras de Seu Espírito dentro de você. Então, renda-se ao poder que habita dentro de você e espere n'Ele para que não somente a mente, mas a vida em você se abra para receber a Palavra.

Conforme prosseguirmos no ensinamento de nosso bendito Senhor com respeito ao Espírito, tornar-se-á mais claro para nós que assim como as palavras do Senhor são espírito e são vida, também o Espírito deve estar em nós como o espírito de nossa vida. Nossa vida íntima pessoal deve refletir o Espírito de Deus. Mais além de nossas faculdades, como nossos sentimentos, mente ou vontade, encontra-se a verdadeira fonte de todos os nossos recursos, que é o Espírito de Deus. Se procurarmos ir além dessas faculdades naturais, descobriremos que nada se iguala ao Espírito da vida nas palavras do Deus vivo. Se esperarmos no Espírito Santo, nas profundezas de nossa alma, para revelar as palavras por Seu poder vivificante e aplicá-las à nossa vida, conheceremos em verdade o que significam as palavras: "mas o espírito vivifica".

Oh meu Deus, novamente Te agradeço pelo maravilhoso dom do Espírito de habitação. E humildemente peço outra vez que eu possa verdadeiramente saber que Ele está em mim e quão gloriosa é a divina obra que Ele está realizando.

Ensina-me especialmente, eu oro, a crer que Ele é a vida e força do crescimento da vida divina dentro de mim, o penhor e a garantia de que posso me tornar tudo aquilo o que desejas que eu seja. Conforme eu veja isso, mais profundamente entenderei como o Espírito da vida em mim pode fazer meu espírito ter fome da Palavra como o pão da vida.

Perdoa-me, Senhor quando procurei compreender Tuas palavras no poder de meu próprio intelecto. Fui tardio em aprender que a carne para nada aproveita. Eu, sim, desejo aprender isso agora.

Dá-me, Pai, o espírito de sabedoria para interpretar cada uma de Tuas palavras e me lembrar de que as coisas espirituais só podem ser discernidas espiritualmente. Ensina-me em toda a minha interação com a Tua Palavra a negar a carne, esperar em humildade e fé pelo trabalhar interior do Espírito para avivar Tua Palavra em meu coração. Assim também, em toda a minha meditação da Tua Palavra, que eu seja mantido em fé e obediência. Amém.

Resumo

1. Para entender um livro, o leitor deve falar a mesma língua do autor. Ele deve, em muitos casos, compartilhar de alguma forma do mesmo espírito no qual o autor escreveu o livro. Para entender as Escrituras, necessitamos que habite em nós o mesmo Espírito Santo que capacitou os homens da antiguidade a escrevê-las.

2. A eterna Palavra e o eterno Espírito são inseparáveis. Assim como são a Palavra criadora e o Espírito criador (Gn 1:2-3; Sl 33:6). A Palavra e o Espírito trabalharam juntos na redenção (Jo 1:1-3, 14). Na Palavra escrita lemos: "... as palavras que eu vos tenho dito são espírito...". Assim, a palavra pregada pelos apóstolos foi no poder do Espírito (1 Ts 1:5). Conforme lemos e meditamos na Palavra de Deus, devemos depender do Espírito Santo para interpretá-la para os nossos corações.

3. A Palavra é uma semente. A semente tem uma vida oculta que precisa de um solo vivo no qual possa germinar e crescer. A Palavra tem uma vida divina; cuide para que você não receba a Palavra somente na mente ou vontade natural, mas em seu novo espírito, onde habita o Espírito de Deus.

4. O poder da Palavra e Sua verdade dependem da comunhão viva com Jesus. Por que tão frequentemente há falha em vez de vitória na vida cristã? É porque a verdade é mantida separada do poder do Espírito. Que Deus ajude-nos a crer nestas duas coisas: a Palavra é cheia do Espírito divino e poder, e pelo Espírito Santo a Palavra viva é aceita em vivo poder. Nossa vida deve ser dirigida no poder do Espírito.

5

O Espírito do Jesus Glorificado

*Quem crer em mim, como diz a Escritura,
do seu interior fluirão rios de água viva.
Isto ele disse com respeito ao Espírito que haviam de
receber os que nele cressem; pois o Espírito até aquele momento
não fora dado, porque Jesus não havia sido ainda glorificado.*
João 7:38-39

Nosso Senhor promete aqui que aqueles que forem a Ele, d'Ele beberem e n'Ele crerem não somente não terão mais sede, mas eles mesmos se tornarão fontes de água viva, de vida e de bênção. Ao registrar estas palavras, João explica que a promessa era futura e teria de esperar pelo seu cumprimento quando o Espírito Santo fosse derramado. Ele também deu a dupla razão para esta demora: "... pois o Espírito até aquele momento não fora dado, porque Jesus não havia sido ainda glorificado". A expressão original "o Espírito até aquele momento não fora" soa estranha, então a palavra *dado* foi inserida. Contudo, se preservarmos a expressão como se encontra no original, compreendemos melhor o fato de que o Espírito somente seria derramado depois da glorificação de Jesus.

Vimos que Deus deu uma dupla revelação de Si mesmo: primeiro como Deus no Antigo Testamento, depois como Pai no Novo. Sabemos como o Filho, que desde a eternidade esteve com o Pai, entrou em um novo estado da existência quando Se tornou carne. Quando retornou aos céus, Ele ainda era o mesmo Filho eterno de Deus, mas não exatamente o Unigênito. Porque Ele também se tornou agora o Primogênito dentre os mortos, revestido com a humanidade glorificada que Ele aperfeiçoou e santificou. Da mesma forma, o Espírito de Deus derramado no Pentecostes foi, de fato, algo novo. Por todo o Antigo Testamento, Ele sempre foi chamado de o Espírito de Deus ou o Espírito do Senhor; o nome *Espírito Santo* não fora ainda usado como Seu nome próprio. As únicas passagens do Antigo Testamento onde temos em nossa tradução *Espírito Santo*, em hebraico é na verdade *o Espírito de Sua santidade* (Sl 51:11; Is 63:10-11). A palavra é usada para o Espírito de Deus, mas não como o nome próprio da terceira pessoa da Trindade. Somente no Novo Testamento, o Espírito traz o nome de *Espírito Santo*. É somente em conexão com a obra que Ele teve de fazer ao preparar o caminho para Cristo, bem como um corpo para Ele, que o nome próprio veio a ser usado (Lc 1:15, 35). Quando derramado no Pentecostes, Ele veio como o Espírito do Jesus glorificado, o Espírito do Cristo encarnado, crucificado e exaltado; o portador e comunicador a nós não somente da vida de Deus, mas também como a vida divina unida com a natureza humana na pessoa de Cristo Jesus. É particularmente nessa condição que Ele leva o nome de *Espírito Santo*, porque é como "aquele que habita", que Deus é santo.

Então, a expressão "o Espírito ainda não era" é mais bem compreendida da seguinte forma: o Espírito, no sentido de apresentar em Si todos os elementos humanos do Filho encarnado, somente estaria disponível aos crentes na Terra após a glorificação de Jesus nos céus.

Este pensamento revela-nos o motivo pelo qual Ele não nos foi enviado como o Espírito de Deus, mas como o Espírito de Jesus. O pecado não somente incapacitou nossa obediência à lei de Deus, mas também quebrou nossa comunhão com o próprio Deus. Por causa do pecado, perdemos tanto o favor como a vida divina. Cristo veio não somente para nos libertar da lei e da sua maldição, mas também para trazer de volta a humanidade à comunhão com Deus para nos fazer participantes da natureza divina. Ele decidiu não fazer isto de forma coerciva, mas através de um agente moral livre. Em Sua própria pessoa, tendo se tornado carne, Ele santificou-a e tornou-a um vaso adequado para a habitação do Espírito de Deus. Tendo feito isso, na morte (segundo o princípio de que uma forma inferior de vida só pode ascender para outra superior através de deterioração e morte), Ele tanto teve de suportar a maldição do pecado quanto dar a Si mesmo como a semente para frutificar em nós. De Sua natureza, tal como foi glorificada na ressurreição e ascensão, Seu Espírito surgiu como o Espírito de Sua vida humana glorificada em união com a divina, para nos tornar participantes de tudo o que Ele pessoalmente executou e adquiriu de Si mesmo e de Sua vida glorificada.

Em virtude de Sua expiação, o homem ganhou agora um direito e privilégio à plenitude do Espírito e à Sua habitação como nunca fora possível antes.

E por ter Ele aperfeiçoado em Si mesmo uma nova e santa natureza humana em nosso favor, Ele pode agora comunicar o que antes não existia: uma vida tanto humana quanto divina. Daí por diante o Espírito, assim como Ele era a vida pessoal da divindade, poderia também se tornar a vida pessoal da humanidade. Assim como o Espírito é o princípio da vida pessoal do próprio Deus, assim também Ele pode ser nos filhos de Deus: o Espírito do Filho de Deus pode agora ser o Espírito que clama com nossos corações: "Aba, Pai". Sobre este Espírito é mais ainda verdadeiro: "o Espírito ainda não era, porque Jesus não havia sido ainda glorificado".

Mas agora, louvado seja Deus, Jesus foi glorificado; nós temos o Espírito do Jesus glorificado; a promessa de nosso versículo inicial agora pode ser cumprida: "Quem crer em mim, como diz a Escritura, do seu interior fluirão rios de água viva". A grande mudança que houve quando Jesus foi glorificado é agora uma realidade eterna. Ele primeiro entrou em Sua natureza humana, em Sua carne, e depois de ter se doado a nós até a morte, Ele ascendeu à destra de Deus. Então aquilo que Pedro disse aconteceu: "Exaltado, pois, à destra de Deus, tendo recebido do Pai a promessa do Espírito Santo, derramou isto que vedes e ouvis" (At 2:33).

Em nosso lugar e em nosso favor, como homem e cabeça da humanidade, Ele foi admitido na plena glória da divindade, e Sua natureza humana constituiu-se como o vaso e a fonte do divino Espírito. O Espírito Santo desceu como o Espírito do Deus-homem: verdadeiramente o Espírito de Deus, bem como verdadeiramente o

Espírito do Homem. Ele é o Espírito do Jesus Glorificado, vindo habitar em cada um dos que creem em Jesus. O Espírito de Sua vida e também o Espírito da vida pessoal do crente. Assim como em Jesus a perfeita união de Deus e o homem foi realizada e, então, completada quando Ele se assentou no trono e assim entrou num novo estágio de existência, a uma glória antes desconhecida, agora também uma nova era começou na vida e obra do Espírito. Ele agora testemunha a perfeita união do divino e humano. Ao tornar-se a nossa vida, Ele torna-nos participantes disso! Há *agora* o Espírito do Jesus glorificado: Ele foi derramado, nós O recebemos. Ele flui através e a partir de nós em rios de bênçãos.

A glorificação de Jesus e o posterior derramamento de Seu Espírito estão intimamente conectados; em união orgânica vital os dois estão inseparavelmente ligados. Já que recebemos não somente o Espírito de Deus, mas também o Espírito de Cristo, que "ainda não era", mas agora é o Espírito do Jesus glorificado, é com o Jesus glorificado que devemos tratar pela fé. Não devemos estacionar na fé que crê na cruz e em seu perdão; devemos prosseguir em conhecer a nova vida, a vida de glória e poder divinos na natureza humana, da qual o Espírito do Jesus glorificado é a testemunha e o portador.

Este é o mistério oculto de gerações passadas, mas agora é tornado conhecido pelo Espírito Santo, *Cristo em nós*: Ele pode realmente viver Sua divina vida em nós e através de nós que estamos em carne! Devemos ter o maior desejo em conhecer e entender o que significa a glorificação de Jesus, pois é por este fato que a natureza humana pode participar da vida e glória de Deus. É importante que entendamos isso não somente porque um dia veremos a Ele em Sua glória e compartilharemos dela, mas mesmo *agora*, dia a dia, devemos viver nela. O Espírito Santo é capaz de *ser* para nós tanto quanto estamos dispostos a *ter* d'Ele.

Deus seja louvado! Jesus foi glorificado. Temos o Espírito do Jesus glorificado. No Antigo Testamento somente a unidade de Deus foi revelada; quando o Espírito era mencionado, era sempre como o Seu Espírito, o poder pelo qual Deus estava trabalhando. Ele não era ainda conhecido na Terra como uma pessoa. No Novo Testamento, a Trindade é revelada; no Pentecostes o Espírito Santo desceu como uma pessoa para habitar em nós. Este é o fruto da obra de Jesus: que podemos ter a presença pessoal do Espírito Santo na Terra. Em Cristo Jesus, a segunda pessoa, o Filho veio para revelar o Pai, e o Pai habitou e falou através d'Ele. De semelhante modo, o Espírito, a terceira pessoa, vem revelar o Filho, e n'Ele o Filho habita e trabalha em nós. Esta é a Glória na qual o Pai glorificou o Filho do homem, porque o Filho glorificou a Ele. Em Seu nome e através d'Ele, o Espírito Santo desce como uma pessoa para habitar nos crentes e tornar o Jesus glorificado uma realidade presente. É Ele de quem Jesus falou quando disse que quem n'Ele crer jamais terá sede, mas terá rios de água viva fluindo de si. Somente isto satisfaz a sede da alma, tornando-a uma fonte que vivifica a outros: a habitação pessoal do Espírito Santo, revelando a presença do Jesus glorificado.

"Quem crer em mim... do seu interior fluirão rios de água viva." Mais uma vez, a chave para todos os tesouros de Deus é crer n'Ele. É o Jesus glorificado que batiza com o Espírito Santo. Todos os que anseiam pela bênção completa aqui prometida devem apenas crer. De acordo com as riquezas de Sua glória, Deus opera em nós. Ele deu Seu Espírito Santo para que tenhamos Sua presença pessoal na Terra e dentro de nós. Pela fé, a glória de Jesus nos céus e o poder do Espírito em nossos corações tornam-se intimamente ligados. Fé é o poder da natureza renovada que abandona o ego e cria espaço para o Cristo glorificado. Pela fé em Jesus, curve-se em quieta rendição a Ele, plenamente certo de que, conforme você espera n'Ele, o rio fluirá.

Bendito Senhor Jesus! Eu creio; ajuda-me em minha pequena fé. Como autor e consumador da nossa fé, completa a obra da fé em mim. Ensina-me, eu oro, com uma fé que entra no desconhecido para perceber o que é a Tua glória e qual a minha parte nela mesmo agora, de acordo com Tua Palavra:"A glória que Tu me deste, eu dei a eles". Ensina-me que o Espírito Santo e Seu poder são a glória que Tu me dás, e que o Senhor deseja que eu manifeste Tua glória, regozijando em Sua santa presença na Terra e em Sua habitação em mim. Ensina-me, acima de tudo bendito Senhor, não somente a manter essas verdades em minha mente, mas no mais profundo de meu ser esperar em Ti para ser cheio do Teu Espírito.

Glorificado Senhor! Eu agora mesmo me curvo diante da Tua glória em humilde fé. Que a vida do ego e da carne seja humilhada e pereça enquanto eu adoro e espero em Ti. Que o Espírito da glória torne-se a minha vida. Que Sua presença quebre toda a confiança em mim mesmo e crie espaço para Ti. Que toda a minha vida seja de fé no Filho de Deus, que me amou e se entregou por mim. Amém.

Resumo

1. Em Cristo houve um estado exterior humilde como Servo que antecipou Seu estado de glória como Rei. Foi Sua fidelidade no primeiro que O levou ao segundo. Que cada crente que anseia participar com Cristo em Sua glória, primeiro siga fielmente a Ele em Sua negação do ego; então o Espírito irá, no devido tempo, revelar a glória n'Ele.

2. A glória de Cristo foi, para Ele mesmo, o fruto de Seu sofrimento: a morte na cruz. A medida que eu entro na morte de cruz em seu duplo aspecto: Cristo sendo crucificado por mim, eu sendo crucificado com Cristo, é que meu coração será aberto para a revelação pelo Espírito acerca do Cristo glorificado.

3. Não é somente em ter maravilhosos pensamentos e visões da glória de meu Senhor que me satisfaço, mas com *Cristo mesmo glorificado em mim*, em minha vida pessoal, por meio de um poder divino e celestial unindo Sua vida em glória com a minha vida; é somente isto o que pode satisfazer o Seu coração e o meu.

4. Novamente digo, glória a Deus! Este Espírito, o Espírito do Glorificado, está dentro de mim! Ele governa todo meu ser. Por Sua graça, mortificarei a vida do ego e do pecado e n'Ele esperarei e adorarei na confiança de que Ele tomará plena posse de mim e glorificará meu Senhor através de mim.

6

O Espírito de Habitação

*E eu rogarei ao Pai, e ele vos dará outro Consolador,
a fim de que esteja para sempre convosco, o Espírito da
verdade, que o mundo não pode receber, porque não no vê, nem
o conhece; vós o conheceis, porque ele habita convosco e estará em vós.*
João 14:16-17

"... ele... estará em vós." Nestas simples palavras nosso Senhor anuncia aquele maravilhoso mistério da habitação do Espírito que seria o fruto e a coroa de Sua obra redentora. Foi para isso que o homem fora criado. Foi para isso – o governo de Deus sobre o coração humano – que o Espírito trabalhou através de eras passadas. Foi para isso que Jesus viveu e morreu. Sem o Espírito de habitação, o propósito e obra do Pai não seriam completados. Pela ausência d'Ele, a bendita obra do Mestre com os discípulos teve pouco efeito. Ele raramente lhes mencionava isso porque sabia que não entenderiam. Mas na última noite, quando Lhe restava pouco tempo, Ele revelou o segredo de que quando os deixasse, sua ausência seria compensada por uma bênção muito maior do que a que Sua presença corpórea poderia trazer. Outro viria em Seu lugar para habitar com eles para sempre.

Nosso Pai deu-nos uma dupla revelação de Si mesmo. Pelo Seu Filho, Ele revela *Sua santa imagem* e, colocando-O diante de nós, convida a nos tornarmos como Ele; este processo se inicia quando O recebemos em nosso coração e vida. Por meio de Seu Espírito, Ele envia Seu divino poder para entrar em nós e, a partir de nosso interior, prepara-nos para receber o Filho e o Pai. A dispensação do Espírito é a dispensação da vida interior. A dispensação da Palavra, ou do Filho, começou com a criação do homem à imagem e semelhança de Deus e continuou através de todos os estágios preparatórios até a aparição de Cristo em carne. Houve, certas vezes, manifestações especiais e poderosas do Espírito, mas Sua habitação era desconhecida; a humanidade não havia ainda se tornado uma habitação permanente de Deus no Espírito. Isto estava ainda por acontecer. A vida eterna tornar-se-ia a vida do homem, infundindo sua essência, consciência e revestindo a si mesma nas formas da vontade e vida humanas.

Assim como é pelo Espírito que Deus é o que é, e como o Espírito é o princípio pelo qual as personalidades do Pai e do Filho têm suas raízes e consciências, da mesma forma este Espírito da vida divina deve existir *em nós*. Em sentido mais profundo, Ele deve ser o princípio de nossa vida, a raiz de nossa personalidade, a própria centelha de nosso ser e consciência. Ele deve ser um conosco na plenitude da imanência divina; habitando em nós, assim como o Pai

O Espírito de Cristo   **59**

está no Filho e o Filho está no Pai. Curvemo-nos em santa reverência para louvá-lO e adorá-lO por recebermos esta bênção.

Se pretendermos entrar no pleno conhecimento e experiência do que nosso bendito Senhor aqui promete, devemos, antes de tudo, lembrar-nos que Ele fala de uma habitação *divina*. Onde quer que Deus habite, Ele se oculta. Ele habita na natureza, mas muitos não O veem nela. Ao se encontrar com Seus primeiros santos, Ele frequentemente se ocultava sob alguma manifestação em fraqueza humana, de tal forma que era somente quando Ele já havia partido que eles diziam: "Na verdade, o Senhor esteve neste lugar, e eu não o sabia". No tabernáculo e no templo, Deus habitou nas sombras; Ele estava lá por trás de um véu, para ser crido e temido, mas não para ser visto. O Filho veio para revelar a Deus, e, ainda assim, Ele veio como raiz de uma terra seca, sem beleza nem formosura. Mesmo Seus próprios discípulos ficaram algumas vezes escandalizados com Ele.

As pessoas esperavam que o reino de Deus viesse de forma visível. Elas não entenderam que o reino é um mistério oculto a ser recebido, em Sua própria capacidade autorreveladora, à medida que Deus Se revela e faz-Se conhecido aos corações rendidos e preparados para Ele. Ao contemplar a promessa do Espírito, os cristãos passam a desejar compreender como Sua liderança pode ser conhecida em seus pensamentos; como Seu avivamento pode afetar seus sentimentos; como Sua santificação pode ser reconhecida em sua vontade e conduta. Eles precisam ser lembrados de que o Espírito Santo veio habitar no mais íntimo de sua mente, sentimentos e vontades; mais profundamente que sua alma, e nas profundezas do espírito que veio de Deus.

Esta habitação é para ser, primeiramente, reconhecida por fé. Mesmo quando não consigo constatar a menor evidência de Sua obra, devo crer que Ele habita em mim. Nessa fé devo descansar e confiar em Sua obra, e esperar por ela. Eu devo também, propositalmente, colocar de lado minha própria sabedoria e força e, em autonegação infantil, depender d'Ele em tudo. Seus primeiros movimentos podem ser tão discretos e ocultos que eu dificilmente poderei reconhecê-los como vindos d'Ele; eles podem parecer não ser nada mais que a voz da consciência ou o som familiar de alguma verdade bíblica. Este é o momento em que pela fé devemos nos ater à promessa do Mestre e ao dom do Pai e confiar que o Espírito está dentro de nós e nos guiará. Pela fé devemos continuamente render todo o nosso ser ao Seu governo e senhorio e ser fiéis àquilo que mais parece com a Sua voz até que venhamos conhecê-la de fato (ou melhor).

Fé é a faculdade de nossa natureza espiritual pela qual podemos reconhecer o divino em qualquer aparência improvável de que ele se revista. Se isto é verdadeiro a respeito do Pai em Sua glória como Deus, e a respeito do Filho como a manifestação do Pai, quanto mais ainda deve ser verdadeiro a respeito do Espírito, o invisível poder de vida divino vindo para se revestir e se ocultar dentro de nossa fraqueza? Cultivemos e exercitemos nossa fé no Pai, cujo dom através do Filho é o Espírito em nossos corações. Olhemos em fé também para o Filho, cuja glória está centrada no dom do Espírito de habitação. Da mesma forma, deixemos que nossa fé se fortaleça na invisível, algumas vezes imperceptível, presença divina desse imenso poder. Ele é uma pessoa viva, que desceu sobre nossa fraqueza e se escondeu em nossa pequenez para nos preparar, para nos tornarmos a habitação do Pai e do Filho. Louvemos e adoremos nosso Senhor glorificado por atender às nossas orações, o que se constitui em prova que Ele as aceitou. É a promessa de conhecimento mais profundo de

O Espírito de Cristo

nosso Deus, de comunhão mais íntima e mais rica bênção: o Espírito Santo habita em nós.

A profunda importância de uma compreensão correta da habitação do Espírito torna-se evidente pelo lugar que ela ocupa no discurso de despedida de nosso Senhor. Neste e nos dois capítulos seguintes, Ele descreve o Espírito mais diretamente como um professor e testemunha, representando e glorificando a Ele mesmo, e convencendo o mundo. Ao mesmo tempo Ele conecta o que diz a respeito da habitação d'Ele e do Pai, da união da videira e dos ramos, e depois do gozo e do poder em oração que Seus discípulos teriam "naquele dia", no tempo da vinda do Espírito.

Mas antes de tudo isso, como sua única condição e única fonte, Ele coloca a promessa: "... o Espírito da verdade... estará em vós". Não será de nenhum proveito para nós se soubermos tudo o que o Espírito pode fazer por nós, ou até mesmo se confessarmos nossa total dependência d'Ele, se não percebermos claramente e, assim, colocarmos em uma perspectiva adequada tudo aquilo que o Mestre considera realmente importante. É somente com a habitação do Espírito que Ele pode ser nosso professor e força. À medida que a igreja, e cada crente, aceita a promessa de nosso Senhor: "Ele estará em vós", e toma posse desta verdade pela fé, nosso relacionamento com o Espírito Santo torna-se mais e mais restaurado. Ele tomará o controle e inspirará; Ele encherá e abençoará o vaso rendido a Ele como Sua habitação.

Um estudo cuidadoso das epístolas confirmará isso. Ao escrever aos coríntios, Paulo teve de reprová-los por pecados tristes e terríveis e, mesmo assim, ele diz a todos, incluindo o crente mais fraco e infiel: "Não sabeis que sois santuário de Deus e que o Espírito de

Deus habita em vós?" (1 Co 3:16). Ele estava certo de que se isto fosse realmente crido, e se a esta verdade fosse dado o lugar que Deus pretendia, isto não seria somente o motivo, mas também o poder de uma nova vida. Ele lembrou aos gálatas apóstatas que eles haviam recebido o Espírito pela pregação da fé; Deus havia enviado o Espírito de Seu Filho aos seus corações; que eles tinham a vida pelo Espírito; se eles entendessem e cressem nisso, também andariam no Espírito.

É deste ensinamento que a Igreja de Cristo precisa em nossos dias. Estou convencido de que muito poucos de nós percebem a dimensão da ignorância dos crentes sobre este aspecto da verdade a respeito do Espírito Santo ou até que ponto esta é a causa de sua falta de santidade no caminhar e nas obras. Deve haver oração regular pela obra do Espírito Santo; devemos ser honestos em nossa confissão de nossa necessidade e dependência d'Ele; mas a menos que a Sua pessoal, contínua e divina habitação seja reconhecida e experimentada, não devemos nos surpreender se houver fracassos. A santa pomba deseja que Seu lugar de descanso esteja livre de toda intromissão e perturbação. Deus deseja encher completamente seu templo. Jesus deseja Seu lar para Si mesmo. Ele não pode fazer Sua obra, não pode governar e revelar-se como desejaria, até que todo o templo, todo o ser interior, seja controlado e preenchido pelo Espírito Santo.

Tornemos possível esta verdade. À medida que a convicção de Sua habitação torna-se clara a nós em sua plena extensão e implicações, conforme aceitamos sua realidade divina e nos curvamos em esvaziamento e rendição, fé e adoração, o Pai irá, em nome de Jesus, deleitar-Se em torná-la nossa experiência. Saberemos que o segredo e o poder da vida de um verdadeiro discípulo é o Espírito de habitação.

Senhor Jesus, minha alma é abençoada por Tua preciosa Palavra: "o Espírito estará em vós". E em profunda humildade eu novamente aceito e peço a Ti que me ensines o pleno significado dela.

Eu peço por mim mesmo e por todos os filhos de Deus que possamos entender quão próximo e precioso Teu amor viria a nós, quão inteira e intimamente Tu te darias a nós se somente permitíssemos que o Teu Espírito habitasse plenamente em nós. Nada pode satisfazê-lo plenamente a não ser possuir Tua residência dentro de nós, habitar em nós como nossa vida. Para este fim enviaste Teu Santo Espírito em nosso coração para ser o poder que vive e age em nosso espírito, para nos dar a plena revelação de Ti mesmo. Permita que Tua Igreja veja e conheça esta verdade que até agora tem sido grandemente ignorada e experimente-a e seja testemunha dela em poder. Que o jubiloso som seja ouvido em todas as suas fronteiras. Que cada verdadeiro crente tenha a habitação e o governo do Teu Espírito Santo.

Ensina-me, Senhor, a vida da fé que vai além de si mesma para esperar em Ti, à medida que Teu Espírito faz Tua obra dentro em mim. Que a minha vida em todo o tempo se alegre na santa e humilde consciência de que o Espírito de Cristo habita em mim. Amém.

Resumo

1. A vinda do Filho de Deus à semelhança de carne pecadora, o Verbo sendo feito carne, e Sua habitação em nossa natureza são verdadeiros mistérios! Grande é o mistério da piedade! Grande o mistério do Espírito de Deus habitando em nós que somos pecadores!

2. Há uma introspecção na qual a alma olha para seus próprios pensamentos, sentimentos e propósitos para encontrar a prova da graça e os alicerces da paz. Esta não é da fé, já que desvia os olhos de Cristo para o ego. Mas há outra interiorização que é um nobre exercício de fé. É quando a alma, fechando os olhos a tudo que é do ego, procura perceber em fé que há um novo espírito, dentro do qual o Espírito de Cristo habita. Nesta fé ela se doa sem reservas para ser renovada pelo Espírito e rende cada faculdade da alma para ser santificada e guiada pelo Espírito.

3. Ao entrar num templo, o primeiro pensamento é a reverência. O primeiro e permanente pensamento está ligado com a habitação do Espírito em mim como Seu templo, bem como devo ter uma profunda reverência e temor perante Sua santa presença.

4. Apegue-se à convicção da permanência da presença do Espírito com a Igreja e também a intimidade de Sua presença em cada crente.

7

O Espírito é
Dado aos Obedientes

*Se me amais, guardareis os meus mandamentos.
E eu rogarei ao Pai, e ele vos dará outro Consolador,
a fim de que esteja para sempre convosco.*
João 14:15-16

*Ora, nós somos testemunhas destes fatos,
e bem assim o Espírito Santo, que Deus
outorgou aos que lhe obedecem.*
Atos 5:32

A expressão desta verdade: "O Espírito é dado àqueles que O obedecem" induz-nos à pergunta: como assim? Não precisamos antes do Espírito para sermos obedientes? Ansiamos pelo poder do

Espírito porque reconhecemos e lamentamos a desobediência que encontramos em nós mesmos e desejamos que a realidade fosse outra. Mas o Salvador exige obediência como a condição para o Pai doar, e nós recebermos, o Espírito.

Este dilema é resolvido ao lembrarmos que há uma dupla manifestação do Espírito de Deus correspondente ao Antigo e ao Novo Testamento. No primeiro, Ele opera como o Espírito de Deus preparando o caminho para a revelação mais elevada de Deus: como o Pai de Jesus Cristo. Foi desta maneira que Ele operou nos discípulos de Cristo como o Espírito de fé e conversão. O que eles estavam para receber agora era algo maior: o Espírito do Jesus glorificado comunicando Seu poder das alturas, a experiência de Sua plena salvação. Embora o Espírito em todos os crentes sob a economia do Novo Testamento seja o Espírito de Cristo, ainda há algo que corresponde à dupla dispensação. Onde há pouco conhecimento da obra do Espírito ou onde seu operar na igreja ou num indivíduo é fraco, os crentes podem estagnar na experiência da Sua obra preparatória. Apesar de o Espírito estar agindo neles, há o risco de não conhecê-lO em Seu pleno poder como o Espírito do Senhor glorificado. Ele está neles para fazê-los obedientes. Mas somente quando se renderem em obediência à Sua obra mais elementar, a observância dos mandamentos de Cristo, que serão promovidos à experiência mais elevada de Sua habitação consciente.

Esta é uma lição muito profunda. Nos anjos do céu, no próprio Filho de Deus, somente por obediência o relacionamento com o Ser Divino poderia ser mantido e assegurada a permissão para uma experiência mais íntima de Seu amor e vida. A vontade de Deus revelada é a expressão de Sua perfeição oculta. Somente aceitando e

O *Espírito de Cristo*

fazendo a Sua vontade, desistindo da nossa a fim de que seja controlada e usada como Lhe agrada, somos equipados para entrar em Sua divina presença. Assim foi com o Filho de Deus. Foi após uma vida de humildade e obediência, aos trinta anos de idade, quando Ele se entregou ao batismo de arrependimento, que Ele foi batizado com o Espírito.

O Espírito veio por causa de Sua obediência. E foi somente depois que Ele aprendeu a obediência em sofrimento e permaneceu obediente até a morte de cruz que Ele novamente recebeu o Espírito do Pai para derramar em Seus discípulos: "Exaltado, pois, à destra de Deus, tendo recebido do Pai a promessa do Espírito Santo, derramou isto que vedes e ouvis" (At 2:33). A plenitude do Espírito para o Seu corpo, a Igreja, foi a recompensa da obediência. Esta lei da vinda do Espírito, como revelada no Cabeça, aplica-se para cada membro do corpo. Obediência é a condição indispensável da habitação do Espírito.

Cristo Jesus veio preparar o caminho para a vinda do Espírito. Sua vinda externa na carne foi a preparação para Sua vinda interna no Espírito. A vinda externa valeu-se da alma com sua mente e sentimentos. Mas somente quando Cristo em Sua vinda externa foi aprovado, quando foi amado e obedecido, que a revelação interna e mais íntima foi dada. O relacionamento pessoal com Jesus, o reconhecimento pessoal d'Ele como Senhor e Mestre a ser amado e obedecido, foi a preparação dos discípulos para o batismo do Espírito. Mesmo agora, é no ouvir da voz da consciência e no fiel comprometimento em observar os mandamentos de Jesus que provamos nosso amor a Ele e nossos corações são preparados para a plenitude do Espírito. Nossas realizações podem estar aquém daquilo que desejaríamos; podemos admitir que não fazemos o que deveríamos, mas se o Mestre vê nossa rendição de todo o coração à Sua vontade e nossa fiel obediência àquilo que já temos da direção de Seu Espírito, podemos estar certos de que o pleno dom nos será concedido.

Estas palavras sugerem as duas razões pelas quais a presença e o poder do Espírito na igreja frequentemente são tão raros. Nem sempre se entende que, embora a obediência em amor deva preceder a plenitude do Espírito, devemos esperar pela plenitude acontecer como consequência. Aqueles que desejam a plenitude do Espírito sem a obediência erram tanto quanto aqueles que pensam que a obediência é um sinal de que a plenitude do Espírito já está presente.

Obediência deve preceder o batismo do Espírito. João pregou Jesus como o verdadeiro batizador, Aquele que batiza com o Espírito Santo e com fogo. Jesus escolheu Seus discípulos como candidatos a esse batismo num curso de treinamento de três anos. Primeiramente, Ele os recebeu como amigos íntimos no ministério. Ele ensinou-os a abandonar tudo por Ele. Ele chamou-os a Si mesmo como Seu Mestre e Senhor e ensinou-os a fazer tudo o que Ele disse. Então, em seu discurso de despedida, falou da obediência aos seus mandamentos como condição para maiores bênçãos espirituais.

Eu suspeito que a Igreja não tem dado a esta palavra *obediência* a importância que Cristo deu. Algumas das razões tem sido o receio da justiça própria, a exaltação da graça imerecida, o poder do pecado e a relutância natural da carne em aceitar um elevado padrão de santidade. Enquanto a gratuidade da graça e a simplicidade da fé foram pregadas, a necessidade absoluta de obediência e santidade não foi igualmente apresentada. O pensamento de muitos é que somente aqueles que têm a plenitude do Espírito podem ser obedientes.

Novamente, devemos lembrar que obediência é o *primeiro passo*. Em seguida, o batismo do Espírito, a plena revelação do Senhor glorificado operando em nós e através de nós, é incumbência de Deus. Muitos não percebem que a simples e completa lealdade a cada ditado da consciência e a cada preceito da Palavra é o passaporte para aquela vida plena no Espírito.

Como consequência natural da negligência desta verdade, a verdade companheira também foi esquecida: *os obedientes devem e podem buscar a plenitude do Espírito*. A promessa aos obedientes da habitação consciente e ativa do Espírito é um fato desconhecido para muitos cristãos. A maior parte da vida é gasta em arrependimento pela desobediência, arrependimento pela falta de poder do Espírito, e oração para que o Espírito nos *ajude* a obedecer, ao invés de deixar emergir, na força do Espírito já presente em nós, a obediência como verdadeiramente é possível e necessária. O fato de que o Espírito Santo é enviado aos obedientes para lhes dar a presença ativa de Jesus como uma realidade contínua é praticamente desconsiderada.

O significado da vida de Jesus como nosso exemplo não é sempre compreendido. Jesus viveu sua modesta vida exterior, de provações e obediência, em preparação para a vida espiritual oculta de poder e glória. É desta vida interior que fomos feitos participantes no dom do Espírito do Jesus glorificado. Mas em nossa participação interior pessoal de tal dom, devemos andar no caminho que Ele preparou para nós. Através de nossa mortificação das obras da carne, nos rendemos a Deus para que Ele faça em nós o que deseja e também para que façamos a vontade d'Ele. Experimentamos, então, Deus em Sua plenitude. Aceitar a Sua vontade com o mesmo coração com que Ele a amou é o ambiente adequado para o lar do Espírito

Santo. A revelação do Filho em Sua perfeita obediência foi a condição para o derramamento do Espírito; a aceitação do Filho em amor e obediência é o caminho para sermos a morada do Espírito.

É esta verdade que, em anos recentes, tem sido revelada com poder ao coração de muitos, descrita nos termos *plena rendição* e *completa consagração*. Na medida em que estes crentes entenderam que o Senhor Jesus requer obediência total e que a desistência de tudo para segui-lO e a Sua vontade é absolutamente necessária, encontraram entrada para uma vida de paz e força anteriormente desconhecida. Muitos estão percebendo que ainda não alcançaram isto. Eles descobrirão que há aplicações deste princípio além do que imaginam. Conforme entendemos no poder do Espírito, uma vez que já O possuímos com a salvação, cada parte de nossas vidas pode ser atraída em lealdade a Jesus, e conforme nos entregamos em fé, veremos que o Espírito do Senhor glorificado pode operar Sua poderosa obra em nós de uma maneira muito superior ao que poderíamos pedir ou pensar. Deus deseja que a habitação do Espírito Santo seja para a igreja mais do que o que ela já conheceu.

Peçamos a Deus para despertar Sua Igreja para compreender esta dupla lição: uma obediência vital é indispensável para a plena experiência da habitação; a plena experiência da habitação é o que uma vida de obediência em amor pode requerer. Digamos ao nosso Senhor que O amamos e desejamos observar Seus mandamentos. Mesmo que soe fraco e vacilante, falemos isto a Ele como o alvo de nossas almas. Ele aceitará o nosso compromisso. Creiamos no Espírito como já tendo sido dado a nós, quando em obediência da fé nos entregamos a Cristo. E, então, creiamos que a plena habitação, com a revelação de Cristo, pode ser nossa também.

Bendito Senhor, com todo o meu coração eu aceito o ensinamento destas palavras. E peço que escrevas esta verdade ainda mais profundamente em meu coração como uma das leis de Teu reino, que a obediência em amor pode buscar uma aceitação em amor, selada por uma experiência sempre crescente do poder do Espírito.

Agradeço-Te pelo que Tua Palavra nos ensina do amor e obediência dos Teus discípulos. Apesar de ainda imperfeitos — não Te abandonaram todos eles? — cobriste as faltas deles com a capa de Teu amor. Com todo o meu coração, digo-Te que Te amo e desejo cumprir todos os Teus mandamentos.

Rendo-me novamente a Ti para este propósito. Nas profundezas de minha alma verás que há senão um desejo: Seja feita a Tua vontade em mim como é feita nos céus.

A toda reprovação da consciência me curvarei; a todo mover de Teu Espírito renderei absoluta obediência. Entrego minha vontade e minha vida em Tua morte para que, sendo ressuscitado contigo, Teu Santo Espírito que habita em mim e revela-Te a mim possa ser minha vida plena. Amém.[1]

---

[1] Para se aprofundar neste assunto recomendamos a obra *Com Cristo na Escola da Obediência*, do mesmo autor, publicado pela Editora dos Clássicos.

RESUMO

1. Quando Deus mandou que Israel construísse um lugar santo para que Ele habitasse entre eles, disse a Moisés para seguir o padrão que Ele deu, fazer como Ele mandou. Foi numa casa construída conforme o padrão de Deus, conforme a Sua mente, a perfeita expressão de Sua vontade, que Deus veio habitar. Na vontade de Deus, levada a termo pelo homem, Deus encontra um lar. Deus manifesta mais plenamente Sua presença entre Seu povo quando há maior obediência deste.

2. Nesta casa, o trono de Deus, Ele colocou seu assento de misericórdia e a arca na qual eram mantidas as tábuas da lei. No novo espírito, onde Deus escreve Sua lei e onde ela é mantida, ali o Senhor revela Sua presença.

3. Antes que Deus descesse para habitar com eles, custou a Israel tempo e sacrifício para preparar uma casa para Ele. Se você ora pela revelação de Jesus, tenha certeza que seu coração está preparado para ser Seu templo. Sua consciência testifica que você busca com todo o coração conhecer e fazer a vontade do Senhor?

4. É somente quando a vontade de Deus é aceita como nossa única lei, e os mandamentos de Jesus são escritos pelo Espírito Santo no coração, que a glória de Deus pode encher Seu templo.

5. Se você deseja conhecer a habitação do Espírito como uma bendita realidade, mantenha sua consciência limpa, permita que seu gozo a cada dia esteja no testemunho de que sua vida tem sido um exemplo de obediência ao Senhor.

8

Conhecendo o Espírito

*O Espírito da verdade, que o mundo não pode receber,
porque não o vê, nem o conhece; vós o conheceis,
porque ele habita convosco e estará em vós.*
João 14:17

*Não sabeis que sois santuário de Deus e
que o Espírito de Deus habita em vós?*
1 Coríntios 3:16

O valor do conhecimento, do verdadeiro conhecimento espiritual, na vida da fé dificilmente será conhecido e apreciado plenamente. Assim como um homem não enriquece por uma herança que tenha recebido, ou por um tesouro em seu campo, a menos que ele seja informado e se aproprie ou utilize destas dádivas, assim também os dons da graça de Deus não podem transmitir sua plena bênção até que os conheçamos e, conhecendo, verdadeiramente os retenhamos. "Em quem [*Cristo*] todos os tesouros da sabedoria e do conhecimento estão ocultos" (Cl 2:3).

É pelo pleno conhecimento de Cristo Jesus, seu Senhor, que o crente dispõe-se a considerar todas as coisas como perda. É por causa da falta do verdadeiro conhecimento do que Deus, em Cristo, preparou para nós que a vida dos crentes frequentemente é tão fraca. A intercessão que Paulo fez pelos efésios – que o Pai lhes desse "o espírito de sabedoria e revelação no pleno conhecimento d'Ele", que os olhos de seu entendimento fossem iluminados para que eles *conhecessem* "qual é a esperança do Seu chamamento, qual a riqueza da glória da Sua herança nos santos e qual a suprema grandeza do Seu poder para com os que cremos" (1:17-19) – é uma oração que nunca ofereceremos (ou oraremos) o bastante, seja por nós mesmos, seja pelos outros. Mas é muito importante conhecermos o Mestre através de quem virá todo o conhecimento! O Pai deu a cada um de Seus filhos não somente a Cristo, que é a verdade, a realidade de toda a vida e graça, mas também o Espírito Santo, que é o próprio Espírito de Cristo.

Alguns podem perguntar: como saberemos que é o Espírito que está nos ensinando? Devemos conhecer o Mestre. É somente conhecendo a Ele que poderemos discernir se nosso conhecimento espiritual é genuíno e não enganoso. Nosso Senhor aborda esta questão, com todos os solenes aspectos que dela dependem, assegurando-nos que precisamos *conhecer* o Espírito. Quando um mensageiro fala em nome de um rei ou alguém testemunha em favor de um amigo, nenhum deles fala de si mesmo, e ainda assim, cada um chama a atenção para si e conclama o reconhecimento de sua presença e confiabilidade. Assim, o Espírito Santo, à medida que testifica de Cristo, deve ser conhecido e reconhecido em Sua divina comissão e presença. É somente então que podemos ter a certeza que o conhecimento que recebemos é de fato de Deus e não algo que nosso raciocínio humano elaborou. Conhecer o selo do Rei é a única segurança contra uma imagem falsa. Semelhantemente, conhecer o Espírito é nosso fundamento de certeza.

Como podemos conhecer o Espírito dessa maneira? Jesus diz: "... vós o conheceis, porque Ele habita convosco e estará em vós". A permanente presença interior do Espírito é a condição para conhecê-lO. Sua presença será autoevidente. Conforme permitimos que Ele nos encha, dando-Lhe plena liberdade em fé e obediência, e permitindo que Ele testifique de Jesus como Senhor, Ele trará Suas credenciais: Ele irá provar ser Ele mesmo o Espírito de Deus. É porque a presença do Espírito, como o Mestre que habita no interior de cada crente, é tão pouco reconhecida na igreja, e portanto Suas manifestações são tão poucas, que há tanta dificuldade e incerteza acerca do reconhecimento do testemunho do Espírito. À medida que a verdade e a experiência da habitação do Espírito são restauradas no meio do povo de Deus, e o Espírito tem liberdade para novamente operar em poder entre nós, Sua bendita presença será sua própria convincente evidência.

Enquanto isso, para todos que desejam honestamente saber que têm o Espírito e conhecê-lO em Sua pessoa como amigo e mestre, dizemos: estude o ensino da Palavra a respeito do Espírito. Não se contente com o ensino da igreja ou de homens, mas vá diretamente à Sua Palavra. Se você anseia conhecer o Espírito, examine a Palavra com isto em vista, como alguém sedento para beber profundamente da água da vida. Reúna tudo o que a Palavra diz do Espírito, Sua habitação e Sua obra, e guarde no seu coração. Esteja determinado a não aceitar nada além do que ensina a Palavra e a aceitá-la de todo o coração.

Se você é um filho de Deus, você tem o Espírito, mesmo que ainda não saiba como Ele se manifesta em você. Peça ao Pai para que Ele opere, através do Espírito, em você revelando-lhe a Sua Palavra. Se, em espírito de humildade e confiança na direção de Deus, você se submeter de coração à Palavra, verá a promessa cumprida: aprenderá de Deus. Falamos do progresso de fora para dentro: seja diligente em abandonar seus próprios pensamentos, e dos outros, à medida que aprende a Palavra revelada a você pelo Seu Espírito.

Os principais sinais pelos quais o Espírito se dá a conhecer são dois. O primeiro é externo: revelando a obra que Ele realiza. O segundo ocorre na vida interior: a disposição que Ele concede a todo aquele em quem habita.

Assim como a obediência em amor é a condição para a vinda do Espírito, também é o sinal de Sua presença permanente. Jesus deu-O a nós como mestre e guia. As Escrituras dizem que Sua obra exige a entrega de toda nossa vida.

> *Porque, se viverdes segundo a carne, caminhais para a morte; mas, se, pelo Espírito, mortificardes os feitos do corpo, certamente, vivereis. Pois todos os que são guiados pelo Espírito de Deus são filhos de Deus; Acaso não sabeis que o vosso corpo é santuário do Espírito Santo, que está em vós, o qual tendes da parte de Deus, e que não sois de vós mesmos? Porque fostes comprados por preço. Agora pois, glorificai a Deus no vosso corpo; Se vivemos no Espírito, andemos também no*

O Espírito de Cristo

> *Espírito; E todos nós, com o rosto desvendado, contemplando, como por espelho, a glória do Senhor, somos transformados, de glória em glória, na sua própria imagem, como pelo Senhor, o Espírito.* (Rm 8:13-14; 1 Co 6:19-20; Gl 5:25; 2 Co 3:18)

Palavras como essas definem as operações do Espírito. Da mesma forma que Deus é primeiramente conhecido por Suas obras, assim também acontece em relação ao Espírito. Ele revela a vontade de Deus, Cristo cumprindo esta vontade e chamando-nos a segui-lO neste caminho. Conforme o crente se rende a uma vida no Espírito e voluntariamente consente com a liderança do Espírito, a mortificação da carne, a obediência ao governo de Cristo sem limites ou exceções, ele se tornará aquilo a que se doa. À medida que espera no Espírito, ele saberá que o Espírito está operando nele. Quando simplesmente fazemos do foco do Espírito Santo o nosso foco e nos entregamos completamente àquilo que Ele veio fazer em nós é que nos habilitamos em conhecer sua presença como morada permanente. O próprio Espírito em nosso espírito nos impulsionará, à medida que somos guiados por Ele, a obedecer a Deus como Cristo o fez.

Também O conheceremos, de modo mais particular e íntimo, à medida que não apenas nos rendemos à vida que Ele vive em nós, mas também enquanto estudamos o relacionamento pessoal que o crente tem com Ele e a maneira pela qual Seu ministério em nós pode ser mais plenamente experimentado. A prática da alma que o Espírito deseja em nós é expressa em uma palavra: *fé*. A fé está sempre relacionada com o invisível, com o que para nós parece improvável. A natureza divina de Jesus estava oculta em uma forma humilde. Pelos trinta anos que viveu em Nazaré, nada viram n'Ele a não ser o filho de um carpinteiro. Foi somente em Seu batismo que Sua filiação divina veio à tona. Até mesmo para Seus discípulos, Sua divina glória esteva por vezes oculta. Quanto mais para nós, quando a vida de Deus penetra as profundezas de nossa natureza pecaminosa, será uma questão de fé reconhecê-la! E, então, só poderemos conhecer a presença do Espírito por uma humilde fé.

Mas não nos contentemos apenas em *saber* que o Espírito está em nós; cultivemos o hábito em nossas disciplinas espirituais de nos curvarmos em silêncio perante Deus, dando ao Espírito o reconhecimento que Lhe é devido e não permitindo que a influência da carne obscureça nossa adoração a Deus. Esperemos no Espírito em santa dependência, e em quieta meditação adentremos o templo de nosso coração para ver se tudo está rendido a Ele. Conforme nos curvamos perante o Pai, devemos pedir e esperar d'Ele o ministério do Espírito Santo. Mesmo vendo ou sentindo pouco com nossos sentidos naturais, creiamos de todo o nosso coração. O espiritual é primeiramente conhecido por fé. À medida que perseveramos na fé, passaremos a ver e a sentir também.

Não há maneira de saber como é o fruto até que o provemos. Não podemos verdadeiramente conhecer um indivíduo exceto por um relacionamento próximo. Também não podemos conhecer as coisas do Espírito a menos que tenhamos comunhão com Ele e Ele conosco. Viver no Espírito é a única maneira de conhecer o Espírito.

Pelo pleno conhecimento de Cristo Jesus, Paulo considerou todas as coisas como perda. E nós também devemos fazê-lo. Devemos desistir de tudo para conhecer o Cristo glorificado através do Espírito. O Pai enviou o Espírito para que possamos compartilhar plenamente da glória de Cristo. Que todos nós experimentemos a vontade e o desejo de render-nos plenamente à habitação e ensinamento do bendito Espírito a quem o Filho deu.

Bendito Pai, Tu que em nome de Cristo enviaste-nos Teu Santo Espírito, ouça graciosamente minha oração e conceda que eu O conheça de fato por sua habitação e presença. Que Seu testemunho de Jesus seja divinamente claro e que Sua liderança e santificação sejam em tal poder que a consciência d'Ele como minha vida seja tão certa como minha vida natural. Como a luz é testemunha suficiente do sol, seja a Sua luz a própria testemunha da presença de Jesus.

Guia-me, ó Pai, para que O conhecendo eu conheça mais plenamente o mistério do Teu amor. Ensina-me e a todo o Teu povo a conhecer o Espírito — não somente saber que Ele está em nós ou conhecer algo de Sua obra, mas conhecê-lO como pessoa, Aquele que revela e glorifica o Filho. Amém.

RESUMO

1. Uma igreja ou um crente pode ter uma compreensão correta de tudo o que a Escritura diz sobre o Espírito Santo, pode conhecer d'Ele, mas ainda assim não ser convencido de que Ele é a divina revelação do Cristo presente como Salvador e Rei.

2. A Palavra somente não nos pode ensinar a conhecer o Espírito. A Palavra é o teste. Mas para aplicar o teste da Palavra, precisamos conhecer com certeza o Espírito e saber que é Ele quem nos ensina.

3. "Ora, o homem natural não aceita as coisas do Espírito de Deus, porque lhe são loucura; e não pode entendê-las, porque elas se discernem espiritualmente" (1 Co 2:14). O espírito do mundo e sua sabedoria não podem conhecer o Espírito de Deus. Um espírito deve nascer de Deus para conhecer o Espírito que vem do céu.

4. Você deseja conhecer o Espírito? Lembre-se, Ele revelará a Si mesmo se você se submeter às leis da Sua habitação. Elas são simples. Creia que Ele habita em você e reafirme esse fato continuamente por fé. Renda-se de todo coração à Sua liderança, como alguém que tem todo controle de sua vida. Espere então, em dependência, por Seus ensinamentos mais profundos e por uma experiência mais plena de Sua habitação e obra.

5. Se cremos que Ele é uma pessoa da Trindade, devemos tratá-lO como tal, relacionarmos com Ele como pessoa, glorificá-lO em nossos corações como pessoa, dar a Ele a plena expressão de nosso amor, e conversar com Ele como faríamos com uma pessoa. Tenhamos um temor especial para não ofendê-lO.

9

O Espírito da Verdade

*Quando, porém, vier o Consolador, que eu vos
enviarei da parte do Pai, o Espírito da verdade,
que dele procede, esse dará testemunho de mim.*

João 15:26

*... quando vier, porém, o Espírito da verdade,
ele vos guiará a toda a verdade;
porque não falará por si mesmo, mas dirá tudo
o que tiver ouvido e vos anunciará as coisas que hão de vir.*

João 16:13

Deus criou o homem à Sua imagem e semelhança para que este pudesse ter comunhão com Ele. No jardim do Éden, dois caminhos foram postos diante do homem para que este alcançasse a semelhança com Deus. Eles eram tipificados por duas árvores: a árvore da vida e a árvore do conhecimento do bem e do mal. O caminho de Deus era o primeiro: através da vida viria o conhecimento e semelhança de Deus; pela perseverança na vontade de Deus e participação da Sua vida, o homem seria aperfeiçoado. Ao recomendar a outra árvore, Satanás enganou o homem sugerindo que o conhecimento era aquilo que deveria ser desejado para nos fazer como Deus. Quando o homem escolheu a luz do conhecimento em detrimento da vida de obediência, ele adentrou o terrível caminho que leva à morte. O desejo de saber tornou-se sua maior tentação; toda a sua natureza corrompeu-se e o conhecimento tornou-se para ele mais do que a obediência e a vida.

Sob o poder desse engano, que promete a felicidade no conhecimento, a raça humana ainda é iludida. Em nenhum outro lugar esta sedução do engano mostra-se tão terrivelmente ameaçadora do que no contexto da [busca da] verdadeira religião e da revelação de Deus. Mesmo onde a Palavra de Deus é aceita, a sabedoria do mundo e o poder da carne ainda estão presentes; até mesmo a verdade espiritual é enfraquecida de seu poder quando apreendida, não pela vida do Espírito, mas pela sabedoria do homem.

Onde a verdade penetra as partes mais interiores, como Deus deseja, ela se torna a vida do espírito. Mas é possível que ela só alcance as partes exteriores da alma, o intelecto e a razão. Apesar de poder satisfazer a imaginação, não será nada além de um dos muitos caminhos ou expedientes da argumentação e sabedoria humanos que nunca alcançam a verdadeira vida interior. Há uma dimensão do entendimento e sentimentos humanos que é somente natural, constituem-se em apenas sombras da realidade espiritual, da

O Espírito de Cristo

realidade divina. Há uma verdade, que é substância e realidade, que foi comunicada àqueles que passaram a discernir a verdadeira realidade por trás dos acontecimentos sobre as quais a maioria dos homens somente conjecturam e falam a respeito. A verdade em sombra, em forma, em pensamento, foi tudo o que a lei pôde dar; e era nisso que a religião dos judeus consistia. A verdade da substância, a verdade como vida divina, foi o que Jesus trouxe como o Unigênito, cheio de graça e de verdade. Ele mesmo é a verdade.

Ao prometer o Espírito Santo aos Seus discípulos, nosso Senhor O apresenta como o Espírito da verdade. Esta verdade, que é Ele mesmo, comunicada, em graça e vida, dos céus a nós como realidades espirituais consistentes tem sua existência no Espírito de Deus: Ele é o Espírito, a própria vida interior dessa divina verdade. Desde quando O recebemos e, quanto mais nos consagramos, Ele faz com que Cristo e a vida de Deus sejam dádivas que, de fato, se manifestam em nós.

Neste processo de ensino e direção na verdade, Ele não nos dá apenas palavras, pensamentos, imagens ou impressões vindos a nós de fora, de um livro ou de um professor. Ele penetra as raízes mais profundas de nossa vida e aí planta a verdade de Deus como uma semente, e aí habita como vida divina. Quando em fé, a expectativa e a rendição a esta vida é apreciada e nutrida, Ele a aviva e fortalece para que ela cresça com mais vigor e espalhe sua influência por todo o ser. Portanto, não de fora, mas de dentro, não em palavras, mas em poder, em vida e em verdade, o Espírito revela Cristo e tudo o que Ele tem para nós. Ele faz de Cristo, que para alguns tem sido somente uma imagem ou um pensamento, um Salvador que está fora, acima e, especialmente, dentro de nós!

O Espírito traz com Ele a verdade, e ao encher-nos interiormente, passa a guiar-nos em toda verdade. Em Sua promessa de enviar o Espírito da verdade da parte do Pai, nosso Senhor nos diz qual será a principal obra do Espírito: dar testemunho d'Ele. "... quando vier, porém, o Espírito da verdade, ele vos guiará a toda a verdade; porque não falará por si mesmo, mas dirá tudo o que tiver ouvido e vos anunciará as coisas que hão de vir" (Jo 16:13). Dois capítulos antes Ele havia dito: "Eu sou o caminho, a verdade e a vida" (14:6); o Espírito da verdade não tem outra obra senão revelar e comunicar a plenitude da graça e da verdade que estão em Cristo. Ele desceu do Senhor glorificado nos céus para testemunhar dentro de nós, bem como através de nós, da realidade e poder da redenção que Cristo ali realizou.

Ironicamente, há cristãos que receiam pensar ou falar demais da presença interior do Espírito, supondo que isto pode afastá-los do Salvador. Olhar para dentro de nós mesmos pode resultar nisso, mas podemos ter certeza de que o reconhecimento do Espírito dentro de nós somente nos levará a uma maior e mais plena segurança de que somente Cristo é tudo em todos. É o Espírito que fará com que nosso conhecimento de Cristo seja vida e verdade.

A disposição ou estado mental no qual recebemos plenamente esta condução em toda a verdade é encontrado nas memoráveis palavras de nosso texto acerca do Espírito: "... quando vier, porém, o Espírito da verdade, ele vos guiará a toda a verdade; porque não falará por si mesmo, mas dirá tudo o que tiver ouvido e vos anunciará as coisas que hão de vir". A marca do Espírito da verdade é a submissão divina. No mistério da Santa Trindade não há nada mais belo que isto: com a divina igualdade da parte do Filho e do Espírito, há também uma perfeita subordinação. O Filho pode reivindicar que todos

O Espírito de Cristo

os homens devem honrá-lO como honraram o Pai e ainda assim não considerar desonroso admitir: "Em verdade, em verdade vos digo que o Filho nada pode fazer de si mesmo, senão somente aquilo que vir fazer o Pai..." (Jo 5:19). Da mesma maneira, o Espírito da verdade nunca fala de Si mesmo. Podemos pensar que Ele certamente poderia falar de Si mesmo, mas Ele somente fala o que ouve. O Espírito que não fala por Si, que ouve a Deus para falar, e que somente fala quando Deus fala, este é o Espírito da verdade.

Esta é a disposição que Ele gera naqueles que verdadeiramente O recebem: uma suave submissão que marca o humilde de espírito que veio a perceber que tão inútil quanto a sua justiça própria, também é a sua sabedoria e poder para se compreender a verdade espiritual. Eles reconhecem que precisam de Cristo tanto quanto do Espírito, e que somente o Espírito dentro deles é o Espírito da verdade. O Espírito revela-nos como, mesmo com a Palavra de Deus em nossas mãos e em nossa língua, podemos estar necessitando daquele espírito submisso para o qual, unicamente, é revelado o significado espiritual da Palavra. Ele abre nossos olhos para a razão de tanta leitura bíblica, conhecimento e pregação terem tão pouco fruto de verdadeira santidade: eles são realizados à parte da sabedoria que vem do alto. Falta a marca do Espírito da verdade. O Espírito recebe do Pai tudo aquilo que está disponível e disposto a nos ensinar a cada dia e a cada passo.

Estas reflexões nos alertam sobre um grande perigo da vida cristã: buscar conhecer a verdade de Deus em Sua Palavra sem esperar no Espírito da verdade. O tentador do jardim ainda se move entre nós. Conhecimento ainda é a sua principal tentação para o povo de Deus. Quantos crentes confessariam que seu conhecimento da divina verdade pouco faz por eles, deixando-os impotentes contra o pecado e o mundo? Eles não experimentaram a luz e a liberdade, a força e o gozo que a Verdade deveria trazer. É porque buscam conhecer a verdade de Deus pelo poder da sabedoria humana ao invés de esperar no Espírito da verdade para guiá-los. Os mais sérios esforços para habitar em Cristo, andar como Cristo falham quando dependemos mais da sabedoria deste mundo do que do poder de Deus.

Estas considerações culminam na grande necessidade na vida cristã. Jesus disse: "Se alguém quer vir após mim, a si mesmo se negue, tome a sua cruz e siga-me" (Mt 16:24). Muitos buscam seguir a Jesus sem negar a si mesmos. Não há nada que necessite mais de negação do que a nossa própria sabedoria, a energia de uma mente mundana, que se manifesta nas coisas de Deus.

Aprendamos que em toda a nossa comunhão com Deus, em Sua Palavra ou em oração, em cada ato de adoração, nosso primeiro passo deve ser um ato solene de autonegação, no qual desistimos de nosso poder para entender a Palavra de Deus, ou mesmo para dizer nossas palavras a Ele, sem a divina liderança do Espírito Santo. Este é o significado do chamado para estar calado diante de Deus e, silenciosamente esperar por Ele, aquietar o turbilhão de pensamentos e palavras na presença de Deus, em profunda humildade e quietude esperar, ouvir, e escutar ao que Deus dirá.

Oh Senhor da verdade, que procuras a verdade no íntimo daqueles que Te adoram, eu novamente Te agradeço por me concederes o Espírito da verdade e porque Ele habita em mim. Que eu possa conhecê-lO plenamente e andar diante de Ti em viva consciência de que o Espírito da verdade, o Espírito de Cristo, que é a verdade, está de fato dentro de mim, no mais profundo de meu ser. Que cada pensamento e palavra, cada disposição e hábito, seja testemunha de que o Espírito de Cristo habita e governa dentro de mim.

Que a verdade do perdão de nossos pecados, conforme opera com viva eficácia no santuário celestial, habite em mim e eu nela. Que a Tua vida e glória sejam verdadeiras em mim, uma viva experiência de Tua presença e poder.

Inclino-me diante de Ti, pedindo que, pela riqueza de Tua glória, operes poderosamente em mim e em todos os Teus santos. Que todos possam conhecer e se alegrar pelo presente disponível a eles: o Espírito Santo dentro deles desejoso a revelar Cristo, cheio de graça e de verdade. Amém.

Resumo

1. Assim como a visão física é uma função de uma vida natural saudável, assim a luz espiritual vem somente em uma vida espiritual saudável. Verdades vivas só podem ser conhecidas à medida que vão sendo vivenciadas. O Espírito de vida pode ser conhecido, somente quando se vive no Espírito. Onde a fé se exercita em aceitar e se render à vida do Espírito em nosso interior, o novo espírito, ali seus ouvidos serão abertos e a voz do Espírito será ouvida. O Espírito de vida é o Espírito da verdade, *dentro de você*, no seu ser mais íntimo.

2. O pecado tem um efeito duplo: não somente a culpa, mas também a morte; não somente opera condenação legal vinda do alto, mas corrupção moral interior. A redenção não é somente um ato de justiça, mas de vida: não somente objetiva, mas subjetiva restauração do favor e comunhão de Deus. A primeira é a obra do Filho por nós, a segunda, do Espírito do Filho dentro de nós. Há muitos que se agarram firmemente à obra do Filho e ainda assim deixam de receber a paz e o poder que Ele dá porque não se rendem plenamente à obra do Espírito. Tão forte quanto nossa convicção de que fomos aceitos pelo Salvador deve ser nossa segurança da divina habitação do Espírito, que faz com que a obra de nosso Salvador seja eficaz em nós. O Espírito da verdade dentro de nós é o Espírito de Cristo.

3. Sabemos que Deus ama a verdade no íntimo (Sl 51:6), no âmago de nosso ser, e de lá Ele nos fará conhecer Sua sabedoria. Verdade e sabedoria não são produzidas por esforço próprio, mas são dádivas da vida interior no Espírito. O Espírito da verdade, habitando em nós, é o cumprimento dessa profecia.

10

A Conveniência da Vinda do Espírito

*Mas eu vos digo a verdade: convém-vos que eu vá, porque,
se eu não for, o Consolador não virá para vós outros;
se, porém, eu for, eu vo-lo enviarei.*

João 16:7

Ao deixar este mundo, nosso Senhor instruiu Seus discípulos que Sua partida seria para o bem deles; o Consolador tomaria Seu lugar e seria para eles muito melhor do que Ele fora ou poderia ser pela Sua presença física. Isto seria verdade especificamente em dois aspectos. Sua comunhão com eles nunca fora quebrada, ainda que fosse sujeita à interrupção; porém agora ela seria quebrada pela morte e eles não O veriam novamente. O Espírito, porém, habitaria com eles para sempre. Sua própria comunhão com eles havia sido bastante externa e, por causa disso, não havia tido o efeito desejado. O Espírito estaria neles; Sua vinda seria para uma presença constante, no poder da qual eles teriam sempre também a Jesus como sua vida e força.

Durante a vida de nosso Senhor na Terra, Jesus treinou cada um de Seus discípulos de acordo com sua personalidade em cada circunstância, especialmente planejada, em que eram colocados. A comunhão com cada um deles era intensamente pessoal. Em tudo Ele provou conhecer Suas ovelhas pelo nome. Para cada um deles foram demonstrados cuidado e sabedoria, suprindo cada uma das necessidades. Será que o Espírito também supriria essas necessidades com o mesmo interesse pessoal que Jesus o fez? Com a mesma atenção especial e individual que tornou a liderança de Jesus tão preciosa? Sem dúvida! Tudo o que Cristo fora para eles, o Espírito seria em poder e bênção maiores e que nunca cessariam. Eles seriam mais felizes, mais seguros e até mesmo mais fortes do que quando estavam com Jesus na Terra. A habitação do Espírito foi designada para instaurar a comunhão e a liderança mais pessoais de Cristo, e até mesmo um nível de amizade mais pessoal.

Para muitos, é um problema muito difícil aceitar este fato, muito mais nele crer e experimentá-lo. A compreensão de Cristo andando com homens e mulheres na Terra, tendo comunhão com eles e guiando-os é clara. A compreensão do Espírito habitando em nós e falando-nos no mais íntimo do nosso ser torna a Sua liderança mais difícil de ser alcançada.

Ainda assim, aquilo que constitui a dificuldade da nova liderança e comunhão espirituais é também o que lhe dá maior valor e bênção. É o mesmo princípio encontrado na vida diária: a dificuldade

O Espírito de Cristo **91**

revela as forças adormecidas, fortalece a vontade, desenvolve o caráter e constrói a personalidade. Uma criança é muito ajudada e encorajada em suas primeiras lições, mas à medida que ficam mais difíceis, o professor deve deixá-la exercitar suas próprias habilidades e utilizar de seus próprios recursos. Um jovem um dia deixa a casa de seus pais para testar os princípios que lhe foram transmitidos desde a infância. Em cada caso é conveniente que a presença e ajuda externas sejam retiradas e que o indivíduo dependa de si mesmo para aplicar e assimilar as lições que lhe foram ensinadas.

Deus realmente deseja educar-nos para uma perfeita humanidade – não governada por uma lei externa, mas pela vida interior. Enquanto Jesus esteve com Seus discípulos, teve que trabalhar com eles exteriormente, nunca alcançando efetivamente o ser interior. Quando Ele Se foi, enviou o Espírito para estar neles de forma que seu crescimento viesse de dentro. Ao penetrar nas recâmaras mais íntimas do ser deles, o Espírito os teria em rendição e consentimento voluntários à Sua inspiração e liderança. Assim eles teriam sua vida edificada – a formação de seu caráter – em suas próprias mãos, pelo poder do Espírito divino, que verdadeiramente havia se tornado um com o espírito deles. Eles cresceriam em verdadeira autoconfiança – no sentido de não dependerem de influências externas, mas no poder de vida dentro deles – na qual se tornariam como Cristo que, tendo vida em Si mesmo, viveu em plena dependência do Pai.

Enquanto o cristão buscar somente aquilo que lhe é conveniente e agradável, jamais entenderá por que foi melhor que Cristo não tivesse permanecido conosco na Terra. Mas assim que abandonar sua indisposição em sofrer, no sincero desejo de se tornar uma pessoa verdadeiramente piedosa, isto é, como imagem do Filho e vivendo de maneira agradável ao Pai, o fato da partida de Jesus para que Seu Espírito pudesse habitar em nós será recebido com gratidão e alegria.

Se ainda pensamos que a submissão à liderança do Espírito e, especialmente, à amizade e liderança pessoal de Jesus é um caminho mais difícil do que seria segui-lO na Terra, devemos nos lembrar de que o privilégio de que desfrutamos agora, a grandeza que alcançamos, a intimidade de comunhão com Deus que usufruímos, é infinitamente maior. Ter o Santo Espírito de Deus, que contém em Si todos os elementos e virtudes da natureza humana de nosso Senhor, entrando em nosso espírito, identificando-Se conosco e tornando-Se nosso, assim como Ele foi o Espírito de Cristo na Terra, é uma bênção tal que vale qualquer sacrifício, porque isso implica a habitação do próprio Deus em nós!

Entender que isso é um grande privilégio e desejá-lo com sinceridade não nos garante facilidade em obtê-lo. Então o problema surge novamente: a comunhão de Jesus com Seus discípulos na Terra – tão afável em sua ternura, tão cuidadoso em seu interesse, tão pessoal em seu amor – como pode passar a ser nossa na mesma intensidade, agora que Ele está ausente e o Espírito é nosso guia? A resposta é simplesmente esta: pela fé. Com Jesus na Terra, os discípulos, uma vez que creram, andaram por vista. Nós andamos por fé. Em fé devemos aceitar e regozijar na palavra de Jesus: "... convém-vos que eu vá".

Devemos gastar tempo para deixar que isso se torne parte de nós, regozijar-nos porque Ele foi para o Pai. Agradeçamos e louvemos a Ele porque nos chamou para essa vida no Espírito. Creiamos que neste dom do Espírito, a presença e comunhão de nosso Senhor são dadas a nós de maneira mais eficaz. Isto pode ser de fato algo que não entendemos ainda, já que temos crido e regozijado com muitas reservas no dom do Espírito Santo. Mas a fé, por sua essência, crê e louva aquilo que ela ainda não entende e não vê. Seja confiante e alegre porque o Espírito Santo, e Jesus mesmo através d'Ele, nos ensinarão como a comunhão e orientação devem ser experimentadas.

O Espírito de Cristo

Devemos ter cuidado para não compreender mal a palavra que o Espírito nos ensina. Geralmente ligamos ensino com conceitos teóricos. Queremos que o Espírito inspire-nos certos conceitos de como Jesus estará conosco e dentro de nós. Isso não é o que Ele faz. O Espírito não habita na mente, mas na vida mais interior; não no que sabemos, mas no que somos. Não busque ou espere de uma só vez uma compreensão clara ou uma nova revelação a respeito desta ou qualquer outra verdade divina. As faculdades conhecimento, pensamento, sentimento, ação foram produzidas por Jesus, em Seus discípulos, enquanto aqui esteve com eles. Mas quando o Espírito veio, de uma forma muito profunda, tornou-Se a própria presença oculta de Jesus nas profundezas de suas personalidades.

A vida divina, em novidade de poder, deveria tornar-se a vida dos discípulos. O ensino do Espírito começaria não em palavras ou teorias, mas em poder. Este seria o poder de uma vida operando neles em segredo, mas com energia divina; o poder de uma fé que se regozija por Jesus estar próximo e tomando controle de toda a sua vida e em cada circunstância. O Espírito os inspiraria com a fé do Jesus que neles habita. Este seria o início de Seu ensino. Eles teriam a vida de Jesus dentro de si e saberiam, por fé, que realmente era Jesus. Sua fé seria tanto a causa quanto o efeito da presença do Senhor pelo Espírito.

É por esta fé, nascida do Espírito, que a presença de Jesus torna-se real e todo-suficiente como era quando esteve na Terra. Por que, então, os crentes que têm o Espírito não experimentam Sua presença de modo mais consciente e pleno? A resposta é simples: eles pouco conhecem e honram o Espírito que está dentro deles. Eles têm fé em Jesus que morreu, que reina nos céus, mas pouca fé em Jesus que habita neles pelo Seu Espírito. Precisamos ter mais fé em

Jesus como o cumpridor da promessa "Quem crer em mim, como diz a Escritura, do seu interior fluirão rios de águas vivas" (Jo 7:38). Devemos crer que o Espírito está dentro de nós como a presença de nosso Senhor Jesus. E devemos crer nisso não somente com a fé de nosso entendimento, à medida que procura se convencer da verdade do que Cristo diz, mas devemos crer com o coração, um coração no qual o Espírito Santo habita. O pleno dom do Espírito, o ensino total de Jesus acerca do Espírito consiste em reforçar a mensagem "o reino de Deus está dentro de vós". Se tivermos a verdadeira fé do coração, devemos olhar para dentro e humildemente render-nos ao Espírito Santo para que Ele faça Sua obra em nós.

Para recebermos este ensino e fé que se encontram na vida e poder do Espírito, devemos, acima de tudo, temer o que mais nos impede: a vontade e sabedoria humanas. Estamos sujeitos à vida do ego, da carne, no serviço a Deus. Mesmo em nossos esforços para exercitar a fé, a carne se adianta, ostentando sua própria força. Todo pensamento, seja bom ou mau, no qual nossa mente ignora o Espírito, deve ser levado ao cativeiro.

Deposite suas vontade e sabedoria próprias cativas aos pés de Jesus e espere em fé e quietude de alma. A profunda consciência de que o Espírito está dentro de você e de que Sua vida divina está vivendo e crescendo em você aumentará. À medida que O honramos e nos doamos a Ele, conforme colocamos nossas atividades da carne em sujeição a Ele, Ele não nos decepcionará, mas fará a Sua obra em nós. Ele fortalecerá nossa vida interior, avivará nossa fé, revelará Jesus e iremos, passo a passo, aprender que a presença e a comunhão pessoal, bem como a liderança de Jesus são nossas de maneira tão clara e preciosa – ou até mais – do que eram quando Ele esteve aqui na Terra.

Senhor Jesus, apesar de não tê-lO conhecido na Terra como os discípulos O conheceram, reconheço que a comunhão contigo é mais real, mais próxima, mais terna, mais eficaz do que se estivesses ainda aqui na Terra. Eu te louvo porque Teu Santo Espírito habita dentro de mim e me permite conhecer o que é esta comunhão — a realidade da Tua perfeita habitação.

Santo Senhor! Perdoa-me porque não Te louvei e amei plenamente por este dom tão maravilhoso e pelo amor do Pai. Ensina-me com uma fé esperançosa a crer em Ti de quem, dia a dia, a renovada unção flui e enche a minha vida.

Ouve-me, Senhor, quando clamo a Ti em favor de tantos dos Teus remidos que ainda não veem o que significa desistir de sua vida na carne, para receber, em lugar dela, a vida que está no poder do Espírito. Com muitos outros eu peço que despertes a Igreja para conhecer a marca de sua eleição, o segredo de seu gozo na Tua presença e o poder para cumprir o Seu chamado: de que cada crente seja levado a conhecer o Espírito de habitação. A presença residente do Senhor conosco como guarda, guia e amigo é, sem dúvida, nossa infalível recompensa. Conceda isto, Senhor, por amor do Teu nome. Amém.

Resumo

1. O fato de que o Consolador não viria se Jesus não fosse é prova convincente de que o dom do Espírito no dia de Pentecostes é algo distinto de qualquer coisa antes daquele tempo – uma nova dispensação.

2. O conhecimento que os discípulos tinham de Jesus na Terra era algo tão bendito e divino que eles não poderiam conceber que pudesse ser melhor. Eles poderiam apenas sentir com angústia a expectativa de perder aquilo que sabiam vir de Deus. Há muitos cristãos que devem desistir também do conhecimento que tinham anteriormente de Cristo se desejam que Ele seja revelado no poder do Espírito Santo. "Pelo contrário, porque vos tenho dito estas coisas, a tristeza encheu o vosso coração. Mas eu vos digo a verdade: convém-vos que eu vá, porque, se eu não for, o Consolador não virá para vós outros; se, porém, eu for, eu vo-lo enviarei" (Jo 16:6-7). Estas palavras só podem ser completamente entendidas quando se tornarem uma experiência pessoal. Um simples conhecimento superficial de Cristo, conhecimento que produz uma vida marcada por constantes esforços e falhas, deve ser substituído por um profundo conhecimento espiritual.

3. A lei do reino é da morte para a vida, perdendo tudo para ganhar o que é maior e melhor. O grande tropeço para muitos cristãos é sua confiança na ortodoxia e suficiência de seu conhecimento religioso. Se eles, como dizem, pudessem apenas ser mais diligentes e fiéis... Mas perceba que na vida dos discípulos, seus esforços mais intensos os conduziram às falhas mais amargas. Eles, apesar de serem discípulos sinceros, tiveram de abrir mão, morrer para sua velha maneira de conhecer a Cristo, e receber como um presente uma vida inteiramente nova de comunhão com Ele. Quão bom seria se os cristãos de hoje apenas entendessem que a maneira mais excelente de se viver uma vida santa é através da habitação do Espírito de Cristo; o Espírito que revela Cristo e mantém os crentes na presença de seu Senhor em poder.

11

O Espírito Glorifica a Cristo

*Ele me glorificará, porque há de receber
do que é meu e vo-lo há de anunciar.*

João 16:14

As Escrituras falam de uma dupla glorificação do Filho. Uma foi realizada pelo Pai, a outra, pelo Espírito; uma acontece no céu, a outra, aqui na Terra. Por uma, Ele é glorificado "no próprio Deus"; por outra, "em nós" (Jo 13:32; 17:10). Da primeira, Jesus disse: "... se Deus foi glorificado nele, também Deus o glorificará nele mesmo; e glorificá-lo-á imediatamente". E novamente, na oração sacerdotal: "Pai, é chegada a hora; glorifica a teu Filho... e, agora, glorifica-me, ó Pai, contigo mesmo, com a glória que eu tive junto de ti" (Jo 17:1, 5).

Da última, Ele disse: "... porque há de receber do que é meu e vo-lo há de anunciar" (Jo 16:14).

Glorificar significa manifestar a excelência e o valor ocultos de uma pessoa. Jesus, o Filho do Homem, seria glorificado quando Sua natureza humana fosse recebida na plena presença do poder e da glória em que Deus habita. Ele entrou na perfeita vida espiritual do mundo celestial, do ser divino. Todos os anjos O adoram como o Cordeiro no trono. A mente humana não pode conceber ou compreender tamanha glória celestial e espiritual de Cristo. Ela só pode ser verdadeiramente conhecida por experiência, quando é comunicada e apropriada pela vida interior. Esta é a obra do Espírito Santo, como o Espírito do Cristo glorificado. Ele vem a nós como o Espírito da glória e revela-nos a glória de Cristo através de Sua morada e obra. Ele faz com que Cristo seja glorioso para nós e em nós. Da mesma maneira, o Espírito glorifica Cristo em nós e através de nós naqueles que têm olhos para ver. O Filho não busca a Sua própria glória: o Pai O glorifica nos céus e o Espírito O glorifica em nosso coração.

Mas antes de ser glorificado pelo Espírito, Cristo primeiro precisava afastar-se de Seus discípulos. Eles não poderiam tê-lO em seu espírito e carne simultaneamente. A presença física de Jesus impedia Sua habitação espiritual. Era necessário que fossem separados do Cristo que conheceram e amaram para que pudessem receber a habitação do Cristo glorificado pelo Espírito Santo. O próprio Cristo teve de abrir mão de Sua vida para que pudesse ser glorificado nos céus e em nós. Mesmo em união com Ele, devemos aprender a abrir mão da medida de vida que temos Nele se desejamos tê-lO mais glorificado para nós e em nós pelo Espírito Santo.

Estou convencido de que, neste ponto, muitos dos filhos de Deus precisam aprender a lição: "... convém-vos que eu vá".

O Espírito de Cristo

Como os primeiros discípulos, os cristãos atuais creem em Jesus, amam-nO, obedecem-Lhe e usufruem da imensa bênção de conhecer e seguir o Senhor. Ainda assim, sentem que algo está faltando: o profundo descanso e gozo, a santa luz e o divino poder de Sua habitação permanente, conforme a veem nas Sagradas Escrituras, ainda não são realidades em sua vida. Muitos servos fiéis de Cristo têm se esmerado em aprender esta lição, quer individual ou coletivamente. Cristo tem se tornado mais e mais apreciado. Infelizmente, reconhecem algo diante deles: promessas ainda não cumpridas, desejos não plenamente satisfeitos. Talvez o motivo para isto seja que ainda não tenham se apropriado plenamente da promessa: "... quando vier, porém, o Espírito da verdade, ele vos guiará a toda a verdade; porque não falará por si mesmo, mas dirá tudo o que tiver ouvido e vos anunciará as coisas que hão de vir. Ele me glorificará, porque há de receber do que é meu e vo-lo há de anunciar" (Jo 16:13-14). Não compreenderam plenamente que Cristo tinha de partir para então ser glorificado pelo Espírito. Ainda não estão preparados para dizer: "... se antes conhecemos Cristo segundo a carne, já agora não o conhecemos deste modo" (2 Co 5:16b).

O conhecimento de Cristo segundo a carne deve chegar ao fim. Devemos conhecê-lO no poder do Espírito. "Segundo a carne" significa pelos recursos humanos, relativo a palavras, teorias, esforços, sentimentos e influências ou ajudas externas. O crente que recebeu o Espírito Santo, mas não sabe plenamente o que isto implica e também não se entrega inteiramente à Sua liderança, ainda confiará muito em sua carne. Mesmo admitindo que não pode fazer nada sem o Espírito, ainda trabalha e luta em vão, para crer e viver, segundo seus próprios princípios. Ainda que confesse seus pecados sinceramente e, por vezes, experimente a bênção e a força da vida de

Cristo, se entristece em pensar no quanto falha em manter essa atitude de dependência confiante pela qual a vida de Cristo pode nele se manifestar. Ele busca crer em tudo o que sabe sobre a presença, guarda e habitação de Cristo e, mesmo assim, de alguma forma ainda há brechas e interrupções; é como se a fé não fosse o que deveria ser: a certeza daquilo que se espera.

A explicação deve ser de que a fé é ainda um trabalho mental, no poder da carne, na sabedoria do homem. Houve uma revelação de Cristo como o guarda fiel, o amigo presente, mas essa revelação foi, em parte, apropriada pela carne e pela mente natural. Isso tornou a revelação impotente. O Cristo da glória, a doutrina do Cristo de habitação, foi recebido apenas parcialmente pelo espírito. Somente o Espírito de Cristo pode glorificar a Cristo. Devemos desistir da velha maneira de conhecer a Cristo. Devemos não mais conhecê-lO segundo a carne.

O que significa o Espírito glorificar a Cristo? Lemos em Hebreus:

> Vemos, todavia, aquele que, por um pouco, tendo sido feito menor que os anjos, Jesus, por causa do sofrimento da morte, foi *coroado de glória e de honra*, para que, pela graça de Deus, provasse a morte por todo homem. Porque convinha que aquele, por cuja causa e por quem todas as coisas existem, conduzindo muitos filhos à glória, aperfeiçoasse, por meio de sofrimentos, o Autor da salvação deles (Hb 2:9-10, *ênfase adicionada*)

A Ele todas as coisas foram subjugadas. Assim, nosso Senhor associa o fato de Sua glorificação, na passagem que tomamos como nosso texto, a todas as coisas a serem dadas a Ele. "Ele me glorificará,

O Espírito de Cristo

101

porque há de receber do que é meu e vo-lo há de anunciar. Tudo quanto o Pai tem é meu; por isso é que vos disse que há de receber do que é meu e vo-lo há de anunciar" (Jo 16: 14-15). Ao exaltá-lO acima de todo o governo, poder e domínio, o Pai colocou todas as coisas em sujeição sob Seus pés: Ele Lhe deu o nome que está acima de todo nome, para que ao nome de Jesus se dobre todo joelho. O reino, o poder e a glória pertencem a um: "Ao que está assentado no trono, e ao Cordeiro entronizado, sejam a glória e o domínio para sempre". É assentado no trono da glória divina, com todas as coisas subjugadas sob Seus pés, que Jesus foi glorificado nos céus (veja Efésios 1:20-22; Filipenses 2:9-10).

Quando o Espírito Santo glorifica Jesus em nós, Ele revela-O a nós em Sua glória. Ele toma tudo o que é em Cristo e o anuncia a nós. Ele não nos dá um pensamento, imagem ou visão daquela glória celestial, mas transmite-a a nós como uma realidade a ser apropriada e experimentada. Ele a compartilha conosco em nosso espírito. Mostra a Cristo como uma dádiva em nós.

Todo conhecimento verdadeiro e vivo que temos de Cristo nos é dado pelo Espírito de Deus. Depois de termos entregue nossa vida a Cristo e começarmos a dar os primeiros passos como cristãos, à medida que aprendemos a confiar, seguir e servir o Senhor, teremos o Seu crescimento, aumento e formação de Seu caráter em nós. Esta obra também é do Espírito. Tudo isto, entretanto, pode se processar, até mesmo como aconteceu com os discípulos, com certa medida de incertezas e fracassos. Mas quando o Espírito Santo faz Sua obra perfeita e revela o Senhor glorificado, o trono de Sua glória é estabelecido no coração e Ele passa a governar sobre cada inimigo. Cada poder é subjugado, cada pensamento fica cativo à obediência de Cristo. Através de toda a nova natureza é entoada a canção: "Glória ao que está assentado no trono". Ainda que o seguinte reconhecimento permaneça verdadeiro até o fim: "em mim, isto é, na minha carne, não habita bem nenhum", a santa presença de Cristo como Senhor e Governador enche, de tal forma, o coração e a vida da convicção que Sua autoridade governa sobre tudo. O pecado perde todo seu poder, pois a lei do Espírito da vida, em Cristo Jesus, libertou-me da lei do pecado e da morte.

Já que a missão do Espírito é glorificar Cristo, torna-se fácil discernir o caminho que nos leva a ela. A entronização de Jesus, em Sua glória, somente pode acontecer no coração que se rende em obediência absoluta e ilimitada. É no coração que teve a coragem de crer que Ele reinará, e é em fé que se espera que todo inimigo permaneça mantido sob Seus pés. Esse coração clama e reconhece a Cristo como Senhor de tudo, tudo na vida, desde coisas grandes às pequenas, submisso e guiado por Ele através de Seu Espírito Santo. É no discípulo que ama e obedece que o Espírito promete habitar; neste tipo de cristão o Espírito glorifica a Cristo.

Isso acontece no tempo perfeito de Deus na alma que crê. A história da Igreja, como um todo, repete-se em cada indivíduo. Até o tempo designado pelo Pai, que tem os tempos e estações em Suas próprias mãos, o herdeiro permanece sob a tutela de guardiões e mordomos, e não é diferente de um escravo. Quando a plenitude dos tempos chega e a fé é aperfeiçoada, o Espírito do Glorificado assume o poder e Cristo habita no coração. Sim, a história do próprio Cristo se repete na alma. No templo existiam dois lugares santos: um antes do véu, o Lugar Santo; o outro depois do véu, o Santo dos Santos. Cristo, em Sua vida terrena, habitou e ministrou no Lugar Santo, de fora do véu; o véu de Sua carne O manteve fora do Santíssimo. Foi

O Espírito de Cristo

somente quando o véu da carne foi rasgado que Ele pôde entrar no Santo dos Santos da plena glória da vida do Espírito nos céus.

Da mesma forma, o crente que deseja ser interiormente cheio do Espírito do Jesus glorificado deve, mesmo que sua vida tenha sido abençoada em conhecimento e serviço ao seu Senhor, estar informado que existe algo melhor. Nele também o véu da carne deve ser rasgado; ele deve entrar nessa obra de Cristo através do novo e vivo caminho para o Santo dos Santos, "... pois aquele que sofreu na carne deixou o pecado..." (1 Pe 4:1). A alma deve ver que Jesus triunfou completamente sobre a carne e entrou na vida do Espírito. Ela deve perceber, em virtude desse triunfo, como Seu poder é perfeito, no poder do Espírito, sobre tudo aquilo em nossa carne que pode impedir a entrada e habitação de Jesus como Senhor e Rei. O véu é retirado e a vida antes vivida no Santo Lugar agora acontece no Santo dos Santos, na plena presença de Sua glória.

Este rasgar do véu, esta entronização de Jesus como O glorificado no coração, nem sempre acontece com som de trombetas e "vivas". Até pode acontecer assim algumas vezes, com alguns cristãos, mas, geralmente, acontece com profundo temor e quietude, onde não se ouve nenhum som. O Rei de Sião ainda vem dócil e humilde, com Seu reino, para aquele que é pobre de espírito. Sem beleza nem formosura Ele entra e, naquilo que os pensamentos e sentimentos não conseguem alcançar, o Espírito Santo O glorifica na fé que não vê, mas crê. Os olhos da carne não O viram no trono – para o mundo isto era um mistério –, então, mesmo quando tudo internamente parece vazio e sem esperança, o Espírito opera de modo secreto a segurança divina e, depois, a bendita experiência de que Cristo, O glorificado, estabelece Sua residência no íntimo. A alma sabe, em adoração e louvor silenciosos, que Jesus é o Mestre, que Seu trono no coração é estabelecido em justiça, e a promessa está agora cumprida.

Bendito Senhor Jesus, eu Te adoro na glória que o Pai Te deu. Bendigo-Te pela promessa de que Tua glória será revelada no coração daqueles que pertencem a Ti para neles habitar e os preencher. Esta é a Tua glória: que tudo o que o Pai tem é agora Teu em infinita plenitude e poder. Disseste que o Espírito Santo tomará da Tua glória e a mostrará a nós. Céus e Terra estão cheios da Tua glória. Os corações e as vidas dos Teus amados estarão cheios dela também. Senhor, que assim seja!

Bendito seja Teu santo nome para todos aqueles em quem a preciosa primeira parte do cumprimento já se realizou! Senhor, que eles progridam de glória em glória.

Para este fim, ensina-nos, oramos, a manter nosso refúgio em Ti inabalável: coração e vida sejam somente Teus. Para isto ensina-nos a firmar nossa confiança, sem titubear, no Espírito que está em nós e que irá aperfeiçoar Sua obra. Acima de tudo, ensina-nos a render-nos em dependência crescente do ensino e liderança do Espírito. Desejamos não ter nenhuma confiança na carne, em sua sabedoria ou justiça. Curvamo-nos diante de Ti em santo temor e reverência pela verdade de que o Teu Espírito Santo está dentro de nós para fazer a Sua divina obra. Que Ele se levante em grande poder e tenha autoridade dentro de nós para que nossos corações possam ser o templo no qual somente Tu és glorificado. Amém.

O Espírito de Cristo

RESUMO

1. Foi o verdadeiro Cristo que os discípulos conheceram e, de certa forma, tiveram um conhecimento verdadeiro de Cristo (veja Mateus 16). Foi um conhecimento que os influenciou fortemente, levando-os a segui-lO e amá-lO. Mas não foi um conhecimento pleno; isto é, o conhecimento em Espírito e em verdade; nem ainda o conhecimento espiritual do Cristo glorificado e que habitava neles através do Espírito Santo. Isto constituiu uma segunda bênção.

2. Oh, que Deus nos ensine esta lição: a grande obra do Espírito, como o Espírito de Cristo, é fazer o Cristo glorificado sempre presente em nós; não apenas em nossos pensamentos ou memória, mas dentro de nós, no íntimo de nosso ser, em nossa vida e experiência.

3. Pode acontecer? Pode Jesus, O glorificado, estar sempre presente conosco, habitando *em* nós? Sim, é possível. O Espírito Santo foi dado pelo Pai para esta obra. E Ele habita em nós. Creiamos e regozijemo-nos nesta maravilhosa habitação.

4. Curvemo-nos em submissão a Sua liderança, esperando pelo Seu ensino e direção; honrando, de forma reverente, Sua santa presença dentro de nós, ainda que não possamos vê-la ou senti-la.

12

O Espírito Convence do Pecado

*Quando ele [o Consolador] vier, convencerá
o mundo do pecado, da justiça e do juízo.*

João 16:8

A relação íntima entre esta passagem e a que a precede nem sempre é percebida. Antes que o Espírito Santo convencesse o mundo do pecado, Ele deveria vir aos discípulos. Jesus já teria retornado ao Pai e o Espírito Santo seria enviado para tomar Seu lugar nas suas vidas. Ele faria Sua morada neles e, através deles, começaria Sua obra de convicção[2] no mundo. Os discípulos viriam a compreender que a

---

[2] O termo original *"convict"* pode ser traduzido como *"convencer"* ou como *"julgar como culpado"*. Em algumas porções do texto essas opções são intercambiáveis (N. do T.).

obra do Espírito Santo – despertar os homens e convencer o mundo do pecado – somente poderia ser realizada à medida que Ele tivesse um firme fundamento na Terra, isto é, *neles*. Eles deveriam ser batizados com o Espírito Santo e com fogo; receberiam o poder do alto com o único propósito de torná-los instrumentos através dos quais o Espírito Santo usaria para alcançar o mundo. O poder convencedor de pecado do Espírito deveria habitar neles e operar através deles. Foi para isso que nosso Senhor buscou prepará-los, e a nós também, com essas palavras.

Em primeiro lugar, como dissemos, o Espírito Santo vem a nós para que, através de nós, possa alcançar a outros. O Espírito é o Espírito d'Aquele que é Santo, o Deus redentor. Quando Ele faz morada em nós, não muda a Sua natureza nem perde Seu caráter divino. Ele ainda é o Espírito de Deus, contendendo com o homem e oferecendo-lhe Sua libertação. Onde Ele não é impedido por ignorância ou egoísmo, Ele irradia de nossos corações, Seu templo, para a obra que Ele fará no mundo. Ele torna-nos desejosos e ousados para fazer a Sua obra; testificar contra o pecado e *a favor* de Jesus, o Salvador do pecado. Ele assim faz como o Espírito do Cristo crucificado e exaltado. Isaías disse: "O Espírito do Senhor está sobre mim, pelo que me ungiu para evangelizar os pobres; enviou-me para proclamar libertação aos cativos e restauração da vista aos cegos, para pôr em liberdade os oprimidos, e apregoar o ano aceitável do Senhor" (Lc 4:18-19, de Isaías 61:1-2).

Foi por este mesmo Espírito que Cristo ofereceu-se a Deus, e através de quem Ele foi levantado dentre os mortos. O Espírito teria uma morada nos discípulos assim como Ele teve em Cristo. E da mesma maneira que em Cristo, o Espírito divino procuraria fazer

O Espírito de Cristo

Sua obra divina. Ele foi enviado como uma luz a brilhar nas trevas, revelando, condenando e conquistando e como "o Espírito consumidor e o Espírito de julgamento". Ele é para o mundo o poder de divino convencimento e conversão. Não tanto diretamente do céu como o Espírito de Deus, mas como o Espírito Santo habitando na igreja.

Em segundo lugar, o Espírito somente pode alcançar a outros através de nós, trazendo-nos primeiro a uma perfeita harmonia com Ele. Ele entra para ser tão *unido a nós,* a ponto de tornar-se nossa vida e caráter. Aí então Sua obra em e através de nós para outros torna-se idêntica à nossa obra.

A aplicação dessa verdade ao convencimento de pecado no mundo é de grande importância. As palavras de nosso Senhor são frequentemente destinadas aos crentes com respeito ao contínuo convencimento de pecado que Ele opera dentro deles. Neste sentido, elas são plenamente apropriadas. Esta obra do Espírito permanece, do começo ao fim, como um som suave de Sua obra santificadora e confortadora. A alma apenas se mantém em posição humilde perante Deus, ou escondida em Cristo como sua única fonte de segurança e força, à medida que o Espírito mantém viva a sensibilidade ao risco e vergonha do pecado. À medida que o Espírito Santo revela e comunica a santa vida de Cristo ao ser interior, o resultado será uma percepção mais profunda da gravidade do pecado.

Mas essas palavras significam ainda mais. Se o Espírito, através de nós e pelo nosso testemunho seja por palavras ou pela conduta, deve convencer o mundo, primeiro deve convencer-nos do pecado do mundo. Ele primeiro nos dá a percepção e visão da culpa e da incredulidade do mundo e como este rejeitou o Salvador. Devemos ver e perceber seus pecados como a causa, a prova e o fruto dessa rejeição de tal forma que, em certa medida, sintamos e pensemos como Ele a respeito do pecado. Então haverá uma preparação interior melhor para que o Espírito trabalhe através de nós; uma unidade entre o nosso testemunho e o Seu testemunho *contra* o pecado e a favor de Deus, e somente isso irá convencer a consciência e julgar com um poder que vem do alto.

Sabemos como é fácil, no poder da carne, julgar os outros; como ver o cisco no olho de outro enquanto ignoramos a trave no nosso. E se, de fato, não praticamos aquilo que condenamos nos outros, dizemos através de nosso atos: "Eu sou melhor e mais santo que você". Ou nós trabalhamos e testemunhamos num espírito errado e na nossa própria força, ou não temos sequer a coragem de trabalhar. É porque vemos o pecado e a pecaminosidade dos outros sem a convicção que vem do Espírito Santo.

Quando Ele nos convence do pecado do mundo, a Sua obra traz duas marcas. A primeira é um sacrifício de nosso ego, em zelo por Deus e Sua honra, combinado a uma profunda e real tristeza pela culpa. A segunda é uma fé firme e forte na possibilidade e poder de libertação. Vemos o pecado em sua terrível relação com o todo; e vemos o todo na dupla luz da cruz. Vemos o pecado terrivelmente repugnável em sua afronta contra Deus e seu poder sobre a alma enfraquecida. Também o vemos condenado, expiado, posto à parte e conquistado em Jesus. Aprendemos a olhar para o mundo como Deus, em Sua santidade, o vê. Odiamos o pecado com ira infinita, mas amamos o pecador com o amor pelo qual Deus enviou o Seu Filho. O Filho dá a vida, destrói o pecado e liberta os seus cativos.

Que Deus dê ao Seu povo uma profunda e verdadeira convicção do pecado do mundo em sua rejeição a Cristo como

O Espírito de Cristo

preparação adequada para que o Espírito os use para convencer o mundo do pecado.

Em terceiro lugar, para obter essa convicção do pecado, o crente não deve apenas orar, mas também deve colocar toda sua vida sob a liderança do Espírito Santo. Gostaria de afirmar da forma mais contundente possível que os vários dons do Espírito dependem de Sua habitação pessoal e supremacia na vida interior, bem como da revelação de Cristo em nós, que deu a Sua vida para ver o pecado destruído. Quando nosso Senhor proferiu aquelas palavras de profundas implicações: "Ele estará em vós", abriu o segredo do poder do Espírito para ensinar, santificar e fortificar. O Espírito Santo é a vida de Deus. Ele entra e torna-Se a nossa vida. É desejável e necessário dirigir a atenção do crente para as várias operações do Espírito para que ele não negligencie ou perca nada por causa da falta de conhecimento. Da mesma forma, com cada nova visão daquilo que o Espírito pode fazer, devemos nos agarrar mais firmemente à verdade.

Permita que sua vida esteja no Espírito e Sua bênção especial não será retida. Se você deseja ter esta profunda convicção espiritual do pecado e do mundo, a percepção da sua terrível realidade, poder e abundante pecaminosidade, de tal forma que esteja preparado para ser alguém através de quem o Espírito pode convencer pecadores, renda a sua vida completamente à autoridade do Espírito Santo. Permita que o fato do maravilhoso mistério do Deus de habitação aquiete sua mente e coração em humilde temor e adoração. Leve à cruz, dia a dia, o grande inimigo que se opõe a Ele: a carne, a vida do ego. Não se contente em almejar nada menos do que ser preenchido com o Espírito d'Aquele que entregou a Si mesmo à morte para destruir o pecado; colocando todo o seu ser e a sua atividade sob o seu controle e inspiração.

À medida que sua vida no Espírito torna-se saudável, forte e sua visão espiritual é revigorada, você verá mais claramente e sentirá mais sensivelmente o que é o pecado. Seus pensamentos e sentimentos serão os mesmos do Espírito Santo: repulsão pelo pecado, profunda fé na redenção de Cristo e profundo amor pelas almas que estão perdidas. Você se tornará pronto para entregar a sua vida para libertá-las. E Ele fará de você um instrumento adequado para a obra do Espírito de convencer o mundo do pecado.

Há mais uma lição. Procuramos mostrar neste livro o caminho pelo qual podemos ser cheios do Espírito. Aqui está uma condição: Ele deve morar em nós como Aquele que convence do pecado. Ofereça-se a Ele para compreender, sentir e suportar os pecados daqueles que estão a sua volta. Permita que os pecados do mundo sejam alvo de sua preocupação tanto quanto os seus. Os pecados deles não desonram a Deus? Eles não são igualmente incluídos na provisão da redenção de Cristo? O Espírito que habita em você não deseja ardentemente convencê-los? Assim como o Espírito Santo habitou no corpo e natureza de Jesus e era a fonte do que Ele sentia, fazia e dizia, assim também o Espírito agora habita nos crentes.

O propósito pelo qual Cristo veio ao mundo, e pelo qual o Espírito Santo contende, é para que o pecado seja conquistado e seu poder reduzido a nada. Este é o propósito pelo qual o batismo do Espírito e com fogo foi dado – que, nos crentes e através deles, Ele convença o mundo do pecado e dele os liberte. Ponha-se em contato com os que lutam contra o pecado. Receba-os no amor e fé de Jesus Cristo como um servo e ajudador dos necessitados e abatidos. Ofereça-se para mostrar a realidade da fé em Cristo, o poder de Sua redenção e a obra do Espírito no mundo. Busque a plena experiência do Espírito de habitação como o propósito da obra do Pai através de você. Viva em unidade com outros crentes para trabalhar e orar para que outros sejam salvos do pecado. É essa unidade e amor uns pelos outros que irá provar ao mundo que Cristo é real.

O conforto e sucesso com os quais um homem vive e conduz seus negócios depende muito se suas instalações são adequadas para tal. Quando o Espírito Santo encontra em um crente, que apresenta todo seu coração livre e rendido a Ele como um templo; Ele fará, através dessa vida, a Sua grande obra. Esteja seguro de que não há condição mais certa de receber a plena medida do Espírito do que ser completamente rendido a Ele, permitindo que a mente de Cristo esteja em nós. O que o Espírito foi n'Ele, Ele deseja ser em nós. O que era verdade a respeito d'Ele deve ser, na mesma medida, verdade para nós.

Cristão, você deseja ser cheio do Espírito Santo e buscar um entendimento claro d'Ele em você, convencendo o mundo do pecado? Se você se identifica plenamente com Ele nisso, se Ele vê que pode usá-lo para a Sua glória, se você faz da obra d'Ele a sua obra, você pode estar certo de que Ele habitará ricamente e operará poderosamente em você. O propósito pelo qual Cristo veio foi destruir o pecado; a obra pela qual o Espírito Santo vem ao homem é persuadi-lo a deixar o pecado. O crente vive para se juntar à batalha contra o pecado e buscar a vontade de Deus. Sejamos um com Cristo e Seu Espírito no testemunho d'Eles contra o pecado. Uma demonstração da vida e do Espírito de Cristo terá seu efeito: a santidade, o gozo, o amor e a obediência a Cristo convencerão o mundo do pecado e da incredulidade. Assim como a morte de Cristo, Seu sacrifício pelo pecado, foi a passagem para Sua glória no poder do Espírito, assim também nossa experiência da habitação do Espírito se tornará a passagem para uma vida plena de poder e bênção em convencer o mundo do pecado.

Senhor Jesus, é pela presença e poder do Espírito Santo no Teu povo que o mundo é julgado e convencido do pecado de rejeitar-Te, e que os pecadores são trazidos do mundo para aceitar-Te. Em homens e mulheres cheios do Espírito Santo, testificando no poder de um santo gozo daquilo que fizeste por eles, é dada a prova de que Tu estás de fato à destra de Deus. É num corpo de testemunhas vivas daquilo que fizeste por elas que o mundo encontrará a irresistível convicção de seu pecado e culpa. Quão pouco o mundo tem visto disso!

Clamamos a Ti, em profunda humildade, Senhor Jesus. Desperta Tua Igreja para o conhecimento de seu chamado, para que cada crente possa provar ao mundo que há poder e bênção na fé em Ti.

Coloca, de maneira intensa, a responsabilidade pelo pecado do mundo nos corações do Teu povo para que eles vivam pela oportunidade de provar a Tua presença no mundo. Afasta tudo que Te impede de manifestar Teu poder salvador através de nós. Teu Espírito veio convencer e julgar o mundo do pecado. Ajuda-nos a juntar-nos a Ele nesta obra. Amém.

O Espírito de Cristo **115**

Resumo

1. O grande pecado do mundo é a incredulidade, a rejeição a Cristo. Este é o espírito do mundo.

2. Cristo deixou o mundo e foi para o Pai. Mas Ele deixou Seu povo cheio de Seu Espírito e do poder de uma vida santa. Sua confissão d'Ele, a quem devem suas vidas, trabalha para convencer o mundo do pecado. Que plenitude de rendição ao Espírito Santo é necessária!

3. O que é prometido é um derramamento tal do Espírito de Deus que não somente se revelará na consciência dos discípulos, mas se concretizará como um fato inegável e maravilhoso para o mundo que o observa. Não é a coisa mais necessária que o Espírito de Deus seja de tal forma derramado no povo de Cristo que outros sejam alertados de Sua presença?

4. Para convencer o mundo da verdade, o cristianismo deve primeiro ser convencido de seu pecado. É o pecado que torna Cristo incompreensível. E, para isso, não são necessários muitos argumentos ou evidências, mas a presença atuante do Espírito Santo. Para isso há necessidade de oração contínua, unida e confiante para que o Pai nos fortaleça com poder pelo Seu Espírito para sermos Seus mensageiros no mundo.

13

Esperando pelo Espírito

E, comendo com eles, determinou-lhes que não se ausentassem de Jerusalém, mas que esperassem a promessa do Pai, a qual, disse ele, de mim ouvistes.

Atos 1:4

Na vida dos santos do Antigo Testamento, *esperar* era uma das palavras habituais pelas quais eles expressavam a atitude de suas almas em relação a Deus. Eles esperavam *por* Deus e *em* Deus. Algumas vezes a encontramos nas Escrituras como expressão de uma experiência: "verdadeiramente minh'alma espera em Deus"; "espero pelo Senhor, n'Ele minh'alma espera". Outras vezes aparece como uma petição em oração: "guia-me; em Ti espero todos os dias. Sê propício a nós que em Ti esperamos". Frequentemente constitui-se num incentivo, encorajando a perseverança numa obra que não deixa de ser difícil: "espera no Senhor; digo-te, espera n'Ele. Descansa no Senhor e espera pacientemente por Ele". E então, novamente, há o testemunho da bênção desse mesmo exercício: "Benditos são os que esperam n'Ele. Os que esperam no Senhor renovarão as suas forças".[3]

Nosso Senhor usava a expressão *esperar* como descrição de como Seus santos aprendiam e experimentavam d'Ele antes do envio permanente do Espírito. Aquilo que havia sido tão profundamente absorvido na própria substância da vida religiosa e no linguajar do povo de Deus estava agora para receber um novo e mais elevado uso. À medida que esperavam pela manifestação de Deus, seja na luz de Seu favor sobre suas próprias almas, nas intervenções especiais para sua libertação ou em Suas manifestações para cumprir Suas promessas para o Seu povo, assim também devemos aprender a esperar.

Mas agora que o Pai foi revelado no Filho, e o Filho completou a Sua redenção, a espera deve ser substituída pelo cumprimento da grande promessa pela qual o amor do Pai e a graça do Filho são revelados e feitos uma unidade completa: o dom da habitação, ou da plenitude, do Espírito Santo. Esperamos no Pai e no Filho por um crescente infundir e operar do bendito Espírito. Esperamos pelo próprio Espírito: Seu mover, Sua liderança e fortalecimento para revelar o Pai e o Filho dentro de nós e operar através de nós a santidade e o serviço para os quais o Pai e o Filho nos chamam.

Ele os encarregou de *esperar* pela promessa do Pai, que d'Ele ouviram. Pode-se questionar se essas palavras não se restringem ao

---

[3] Uma vez que as referências ao texto original não foram citadas, as citações bíblicas acima foram traduzidas de forma livre (N. do T.).

O Espírito de Cristo **119**

derramamento do Espírito no dia de Pentecostes e, já que o Espírito fora dado à Igreja, se a ordem ainda é válida. Pode-se também argumentar que, para o crente que sabe que o Espírito Santo está dentro dele, esperar pela "promessa do Pai" dificilmente se aplica a ele uma vez que já é uma morada do Espírito.

Tais questionamentos e argumentos abrem caminho para uma lição da mais profunda importância. O Espírito Santo não nos é dado como um bem do qual temos controle e que podemos usar a nosso bel prazer. O Espírito Santo nos é dado como *nosso Mestre*, que tem controle sobre *nós*. Nós não O usamos, Ele é quem nos usa. Quando pedimos pela Sua obra, isso deve ser feito com tanta realidade e determinação como se estivéssemos pedindo pela primeira vez. Quando Deus dá o Seu Espírito, Ele dá a Si mesmo. Quando Jesus deu àqueles que creem n'Ele a promessa de uma fonte a jorrar, Ele falou não de um ato único de fé que os faria de uma vez por todas os autossuficientes proprietários da bênção, mas falou de uma vida de fé que mantém os Seus dons em viva união com Ele mesmo. Assim a palavra *esperar*, a despeito de todos os seus variados significados da experiência do passado, é tecida nas próprias fibras da nova dispensação do Espírito. Tudo que os discípulos fizeram e sentiram durante aqueles dez dias de espera, e tudo o que eles receberam como fruto e recompensa por esta perseverança, torna-se para nós o caminho e o penhor da vida do Espírito na qual podemos viver. A plenitude do Espírito e nossa espera por ela estão, para sempre, ligadas entre si.

Será que não temos uma resposta para o porquê de tantos crentes conhecerem tão pouco do gozo e poder do Espírito Santo? Os primeiros discípulos não aprenderam a esperar por isso. Não estudaram as palavras de partida do Mestre: Ele os encarregou de esperar pela promessa do Pai. Eles ansiaram pelo seu cumprimento. Em diligente oração suplicaram por isso. Foram oprimidos e afligidos pela necessidade que sentiam. Em contrapartida, muitos crentes tentam crer, tentam reivindicar e tentam ser cheios do Espírito, mas nunca perseveram em esperar. Nunca disseram, ou ouviram, "benditos são os que esperam n'Ele. Os que esperam no Senhor renovarão as suas forças".

Mas no que consiste esta espera? E como devemos esperar? Eu peço a Deus pelo Seu Espírito, que me capacite a compartilhar da maneira mais simples possível o que pode ajudar um filho Seu a obedecer a esse mandamento. Permita-me dizer, em primeiro lugar, que como crente você deve esperar pela manifestação mais plena do poder do Espírito dentro de você. Na manhã de ressurreição, Jesus soprou em Seus discípulos e disse: "Recebam o Espírito Santo". Eles deveriam esperar pelo completo batismo de fogo e poder. Sim, como filho de Deus você tem o Espírito Santo (estude as passagens nas epístolas endereçadas aos crentes cheios de falhas e pecados: 1 Coríntios 3:1-3, 16; 6:19-20; Gálatas 3:2-3; 4:6). Comece, em simples fé na Palavra de Deus, a cultivar esta serena certeza: o Espírito Santo habita em você. Mas se você não for fiel no que tem, não pode esperar por mais. Cada vez que você entra em seu quarto para falar com Deus, lembre-se primeiro de que o Espírito está dentro de você como o Espírito de oração. Você é um templo do Espírito Santo.

Agora, você está em posição de dar o segundo passo: pedir a Deus para conceder-lhe a obra de Seu Espírito Santo. O Espírito está em Deus e também em você. Peça ao seu Pai que Seu todo-poderoso Espírito seja derramado em maior vida e poder de modo que Ele possa operar mais poderosamente em você. Quando pedir isso,

O Espírito de Cristo **121**

fundamentado nas promessas, creia que Ele ouve e que Ele o fará. Você não deve procurar perceber se está *sentindo* alguma coisa. Você deve crer, descansar no que Deus irá fazer, e está fazendo agora mesmo, embora você não esteja sentido nada.

Então, vem a espera. Espere no Senhor; espere pelo Seu Espírito. Aquiete-se perante Deus e permita que Ele vivifique em você a certeza de que Ele irá lhe conceder a obra do Espírito. Somos um sacerdócio santo para oferecer sacrifícios espirituais. Sob a velha aliança, a morte do sacrificado era uma parte essencial do serviço. Em cada sacrifício que é trazido deve haver uma rendição do ego e de seu poder. À medida que você espera diante de Deus, Ele interpreta o seu silêncio como confissão de que você não tem nada, nem sabedoria ou força para orar ou para trabalhar satisfatoriamente. Esperar é uma expressão de necessidade, de esvaziamento. Por toda a vida cristã há o contraste: pobreza e fraqueza de nossa parte, total suficiência e força da parte de Deus. É na espera perante Deus que a alma reconhece sua própria deficiência e é elevada na divina certeza de que Deus aceita seu sacrifício e suprirá todas as suas necessidades e desejos.

Depois que a alma esperou em Deus, ela deve seguir para a caminhada ou as tarefas diárias, deixando para trás a obra de súplica na fé de que Deus proverá o cumprimento de Sua promessa. Se você se dedicar à oração após esperar pelo Espírito, ou à leitura da Palavra, faça-o em fé que o Espírito Santo guia a sua oração e seus pensamentos. Se a sua experiência parecer provar que nada aconteceu, esteja certo de que isto é para levá-lo adiante numa fé mais simples e uma rendição mais completa. Por você ter se acostumado tanto a adorar no poder do entendimento humano e da mente carnal é que a verdadeira adoração espiritual não acontece imediatamente. Mas espere: "... determinou-lhes... que esperassem..." (At 1:4). Mantenha a disposição de espera em sua vida e trabalho diários. "… em quem eu espero todo o dia" (Sl 25:5).

É ao Deus trino que falamos; o Espírito Santo nos aproxima e nos une a Ele. Renove a sua fé a cada dia e, à medida que assim o fizer, aumente sua prática de esperar em Deus. A multidão de palavras e fervorosos sentimentos na oração são frequentemente mais um impedimento que um auxílio. A obra de Deus em você deve tornar-se mais profunda, mais espiritual, mais diretamente forjada por Ele mesmo. Espere pela promessa em toda a sua plenitude. Não considere perdido o tempo dedicado à expressão de humildade e esvaziamento, de fé e expectativa, de rendição à autoridade do Espírito. O Pentecostes deveria ser a prova do que o Jesus exaltado faz pela Sua Igreja a partir do Seu trono. A espera de dez dias era para ser uma atitude perante o trono que garante a bênção Pentecostal. A promessa do Pai é infalível. É de Jesus que ela vem. O próprio Espírito já está trabalhando em você. Sua plena habitação e liderança são a sua porção como filho d'Ele. Cumpra a ordem do seu Senhor! Espere em Deus, espere pelo Espírito. "Espera no Senhor; digo-te, espera n'Ele. Benditos são os que esperam n'Ele."

Bendito Pai, de Teu amado Filho ouvimos a Tua promessa. Num derramar que é divino e incessante, o rio de águas vivas flui do trono de Deus e do Cordeiro. Teu Espírito flui para avivar nossas almas sedentas. Porque não ouvimos, nem vimos, oh Deus, além de Ti, o que Tu tens preparado para aqueles que O amam, para os que em Ti esperam.

Ouvimos o Teu mandamento de esperar pela promessa. Agradecemos-Te pelo que dela já foi cumprido para nós. Mas nossa alma anseia pela plena posse, a plenitude da bênção de Cristo. Pai, ensina-nos a esperar em Ti, diariamente vigiando às soleiras das tuas portas.

Ensina-nos a cada dia, à medida que nos aproximamos de Ti, a esperar pelo Espírito. No sacrifício de nossa própria sabedoria e vontade, no temor das obras da nossa própria natureza, possamos aprender a andar em humildade perante Ti de tal forma que Teu Espírito possa operar em poder. E ensina-nos que, à medida que a vida do ego é posta perante Ti dia a dia, a santa vida que flui do trono se levante em poder para que nossa adoração seja em espírito e em verdade. Amém.

Resumo

1. Os discípulos não deveriam prosseguir na missão deles antes do revestimento do alto. Deveriam esperar até que pudessem alegremente testificar e provar que Cristo nos céus lhes deu Seu Espírito.

2. Não devemos procurar no passado por nosso Pentecostes. O Pentecostes de Atos é dado para tornar a Igreja de Cristo familiarizada dos privilégios pertencentes a essa dispensação. O Espírito de Deus vem como a chuva, que deve vir muitas vezes, e como o vento, que deve soprar repetidamente.

3. *Esperar* – é a palavra abrangente para indicar a atitude dos discípulos em relação à promessa do Pai. Esperar inclui a negação do ego, de sua sabedoria e força; também separação de tudo o mais; rendição e prontidão para tudo o que o Espírito demandar; alegre fé no que Cristo é, e confiante expectativa no que Ele irá fazer. *Esperar!* É a única condição final imposta pelo Senhor, ao ascender, para o cumprimento da promessa.

4. Que a espera seja a condição do íntimo fortalecimento para a vida diária em relação ao Espírito, para aquele que sabe que o Espírito nele já está, mas que ainda deseja ser mais fortalecido. Que esta seja a atitude da Igreja à medida que espera pelo seu Senhor, em resposta às suas orações, para manifestar Seu poder no mundo. Ele ordenou-lhes esperar, permanecer ali até que fossem revestidos com poder do alto.

5. Assim como Cristo é o cumprimento da lei e o fim da lei, também o Espírito é o acabamento, o cumprimento e a confirmação do Evangelho. Tudo o que Cristo fez não nos teria beneficiado se o Espírito Santo não viesse em nossos corações e apresentasse tudo aquilo para nós.

14

O Espírito de Poder

... vós sereis batizados com o Espírito Santo, não muito depois destes dias. ... mas recebereis poder, ao descer sobre vós o Espírito Santo, e sereis minhas testemunhas tanto em Jerusalém como em toda a Judeia e Samaria e até aos confins da terra.

Atos 1:5, 8

Eis que envio sobre vós a promessa de meu Pai; permanecei, pois, na cidade, até que do alto sejais revestidos de poder.

Lucas 24:49

Os discípulos ouviram de João a respeito do batismo do Espírito. Jesus falou-lhes que o Pai concederia o Espírito àqueles que Lho pedissem e que também o Espírito do Pai falaria através deles.

Na última noite, falou-lhes sobre o Espírito habitar e testemunhar através deles, bem como convencer o mundo do pecado. Todas estas informações sobre as consequências da vinda do Espírito Santo, preparavam suas mentes a respeito da obra que executariam do poder que receberiam para tal. Quando o Senhor resumiu todo o Seu ensinamento na promessa "recebereis poder ao descer sobre vós o Espírito Santo, e sereis minhas testemunhas", deve ter significado para eles como o resumo de tudo aquilo que necessitavam: um novo poder divino para uma nova obra divina de testemunhar do Cristo crucificado e ressurreto.

Isso estava em perfeita harmonia com tudo aquilo que eles já haviam visto nas Escrituras sobre a obra do Espírito: nos dias que antecederam o dilúvio, Deus contendeu com o homem para que se arrependesse. Para o ministério de Moisés, Ele o equipou, tal como o fez com os setenta que receberam de Seu Espírito, para a obra de governar e guiar a Israel, assim como deu sabedoria àqueles que edificaram o tabernáculo de Deus no deserto.

Nos dias dos juízes, deu-lhes poder para lutar e conquistar seus inimigos. No tempo dos reis e profetas, Ele deu ousadia para testemunhar contra o pecado e poder para proclamar a redenção vindoura. Todas as menções do Espírito no Antigo Testamento estão ligadas à honra, ao reino de Deus e ao preparo para o serviço. Na grande profecia do Messias, com a qual o Filho de Deus iniciou Seu ministério em Nazaré, a Sua unção com o Espírito tinha o único propósito de trazer libertação aos cativos e alívio aos que sofrem.

Para a mente dos discípulos, como estudiosos do Antigo Testamento e seguidores de Jesus Cristo, a promessa do Espírito tinha somente um significado: poder para a grande obra que eles teriam de fazer para o seu Senhor depois de Sua glorificação no trono. Tudo o que o Espírito seria pessoalmente para eles em Sua obra de confortar, ensinar, santificar a alma e glorificar a Jesus era somente um meio para um fim: sua unção com poder para servir seu Senhor que partiu.

Oro para que a Igreja de Cristo entenda isso para os nossos dias. Todas as orações, realizadas sob a influência governante e encorajadora do Espírito Santo naqueles que oram, devem ter isto como objetivo: poder para testemunhar de Cristo e verdadeiramente servir na missão de alcançar o mundo para Ele. O desperdício de energia constitui-se em motivo de tristeza para todo aquele que o vivencia. Evitar o desperdício de energia é um dos itens de qualquer organização ou indústria. O Espírito Santo é o poder de Deus, a energia da redenção divina que vem do trono d'Aquele a quem todo o poder foi dado. Deus desperdiçaria este poder sobre aqueles que O buscam somente para o seu próprio bem? O Espírito Santo é o poder do alto para levar adiante a obra pela qual Jesus sacrificou Seu trono e Sua vida. A condição essencial para receber esse poder é que estejamos prontos e desejosos de fazer a obra que o Espírito veio para realizar.

Minhas testemunhas. Estas palavras contêm uma divina e inesgotável riqueza de significado. Elas são o objeto da obra do Espírito, uma obra para a qual é necessário nada menos que Seu poder divino; a obra pela qual nossa fraqueza é transformada em força. Não existe nada tão eficiente quanto uma testemunha sincera. Até mesmo a eloquência de um advogado pode ser vencida por ela. Não existe nada mais simples do que dizer daquilo que vimos e ouvimos. Foi a grande obra do próprio Jesus. Ele nasceu e veio ao mundo para que pudesse testemunhar da verdade. E, por mais simples que pareça, é necessário o poder infinito do Espírito para nos tornar testemunhas eficientes de Jesus. Para isto, o Espírito foi enviado. Se pretendermos testemunhar a respeito de Jesus visto que Ele reina nos céus, no poder da vida eterna e no poder do mundo vindouro, precisamos do poder da vida celestial para fortalecer o testemunho de nossos lábios e de nossas vidas.

O Espírito Santo torna-nos testemunhas porque Ele é uma testemunha. Jesus disse: "Ele dará testemunho de mim". No dia de Pentecostes, quando Pedro pregou que Cristo, quando ascendeu aos céus, recebeu do Pai o Espírito Santo e O derramou, ele falava do que conhecia: o Espírito Santo testemunhou a ele e nele da glória de seu Senhor exaltado. Foi este testemunho do Espírito para a realidade do poder e da presença de Cristo que o tornou ousado e convincente para falar perante o conselho: "A este Jesus Deus ressuscitou, do que todos nós somos testemunhas. Exaltado, pois, à destra de Deus, tendo recebido do Pai a promessa do Espírito Santo, derramou isto que vedes e ouvis. (...) Esteja absolutamente certa, pois, toda a casa de Israel de que a este Jesus, que vós crucificastes, Deus o fez Senhor e Cristo" (At 2:32-33, 36).

Quando o Espírito Santo, em vida e poder divinos, testemunha a nós o que Jesus é no presente momento em Sua glória, o nosso testemunho será dado em Seu poder. Podemos conhecer tudo o que os evangelhos registram e tudo que as Escrituras ensinam da pessoa e obra de Jesus, podemos até mesmo falar de experiências passadas daquilo que conhecemos do poder de Jesus. Isto, porém, não é o testemunho de poder que é prometido aqui e que terá efeito no mundo. É a presença do Espírito neste momento – testemunhando a presença pessoal de Jesus – que dá ao nosso testemunho aquele sopro de vida dos céus que o torna poderoso em Deus para destruir

O Espírito de Cristo **129**

fortalezas. Você pode testemunhar de Jesus na mesma medida em que o Espírito Santo testemunha a você em vida e verdade.

O batismo de poder, o revestimento com poder, é por vezes considerado e procurado como um dom especial. Se Paulo pediu especificamente pelos efésios, que haviam sido selados com o Espírito Santo, que o Pai lhes concedesse ainda o "espírito de sabedoria" (Ef 1:17), não podemos estar errados em pedir pelo "espírito de poder". Aquele que esquadrinha os corações conhece a mente do Espírito, e não nos dará de acordo com a perfeição das nossas palavras, mas de acordo com o desejo inspirado pelo Espírito em nossos corações. Ou usemos ainda a outra oração de Paulo (Ef 3:16), peçamos que Ele nos conceda sermos "fortalecidos com poder, mediante o seu Espírito no homem interior".

De qualquer maneira que formularmos nossa oração, uma coisa é certa: é na oração incessante, no dobrar de nossos joelhos e no esperar em Deus que d'Ele virá o que pedimos, seja o espírito de poder ou o poder do Espírito. O Espírito jamais está separado de Deus; em todo o Seu mover e operar, Ele é o ser mais íntimo de Deus. É o próprio Deus, segundo as riquezas de Sua glória, que é poderoso para realizar além do que pedimos ou pensamos e em Cristo, nos revestir com o poder do Espírito.

Ao buscar por este poder do Espírito, notemos o modo como Ele trabalha. Há um erro contra o qual devemos vigiar: esperar sempre *sentir* o poder quando ele opera. As Escrituras ligam o poder e a fraqueza de maneira maravilhosa, não acontecendo um após o outro, mas simultaneamente. Em resumo, Paulo disse: "Estive entre vós em fraqueza; minha pregação foi em poder. Quando sou fraco, então é que sou forte" (veja 1 Coríntios 2:3-5; 2 Coríntios 4:7, 16; 6:10;

12:10; 13:4). O poder é o poder de Deus, concedido pela fé; e a fé é fortalecida ocultamente. O Espírito Santo esconde-Se nas coisas fracas que Deus escolheu, para que a carne não se glorie em Sua presença. O poder espiritual pode ser conhecido somente pelo Espírito de fé. Quanto mais convictamente sentirmos e confessarmos nossas fraquezas e crermos no poder que habita dentro de nós, pronto a operar quando a necessidade surge, mais confiantemente poderemos esperar sua operação divina mesmo quando nada pode ser sentido.

Os cristãos perdem muito não somente por não esperar pelo poder, mas por esperar da maneira errada. Procure combinar imediata e fiel obediência a cada chamada ao dever, por mais que seu poder possa parecer insignificante, com uma espera profunda e dependente pelo poder do alto. Que os seus intervalos de descanso e comunhão sejam um exercício de fé e oração no poder de Deus que habita em você, esperando trabalhar através de você. Este tempo trará a prova de que pela fé, através da fraqueza, somos feitos fortes.

Vejamos também, e não nos enganemos, a respeito da *condição* do trabalhar deste poder divino. Aquele que deseja controlar a índole deve primeiro obedecer-lhe. Não é necessária muita graça para desejar e pedir por poder, mesmo o poder do Espírito. Quem não gostaria de ter poder? Muitos oram diligentemente por poder para sua obra e não o recebem porque não aceitam a única atitude pela qual vem o poder. Queremos tomar posse do poder e usá-lo. Deus quer tomar posse de nossa vida e usar-nos. Se nos entregarmos ao poder de Deus para governar em nós, Seu poder também será dado para governar através de nós.

A submissão e a obediência incondicionais ao poder de Deus, em nossa vida interior, é a condição primária para nos revestirmos

O Espírito de Cristo

d'Ele. Deus dá o Espírito aos obedientes. O poder pertence a Deus e permanece d'Ele para sempre. Se você deseja que o poder de Deus opere em você, curve-se diante da santa presença que habita em você, e que pede sua rendição à Sua liderança até mesmo nas menores coisas. Caminhe humildemente em santo temor, para que em nada falhe em conhecer e fazer Sua vontade. Viva como alguém rendido a um poder que tem todo o controle e toda a posse do seu ser interior. Permita que o Espírito e Seu poder tomem posse de sua vida e então conhecerá o poder d'Ele operando em você.

Sejamos lúcidos quanto ao *propósito* deste poder: o trabalho que ele se destina a fazer. As pessoas são cuidadosas ao economizar energia e canalizá-la para onde ela possa fazer seu trabalho mais eficazmente. Deus não concede esse poder para nosso próprio desfrute ou para nos poupar de trabalho e esforço. Ele o dá para um único propósito: glorificar Seu Filho. Aqueles que em sua fraqueza são fiéis a este objetivo, que em obediência e por seu testemunho demonstram a Deus que estão prontos para glorificá-lo a qualquer custo, receberão o poder do alto.

Deus busca homens e mulheres a quem Ele possa revestir com Seu poder. A Igreja está procurando por estes, principalmente quando se depara frente às limitações de seu serviço e adoração. O mundo espera por isto: ser convencido de que Deus está de fato no meio de Seu povo. Os milhões que perecem estão clamando por libertação, e o poder de Deus está esperando para libertá-los. Não nos contentemos em pedir a Deus para visitá-los e abençoá-los, ou em tentar fazer o que podemos em nossa própria força. Entreguemo-nos completamente e sem reservas à vida de fiéis testemunhas de Cristo e creiamos que Seu Espírito está dentro de nós desejoso em vivificar um mundo moribundo.

Pai, agradeço-Te pela maravilhosa provisão que fizeste para Teus filhos — que das fraquezas sejam feitos fortes e que, mesmo em seus deslizes, seja ainda glorificado Teu poderoso Espírito. Agradeço-Te pelo Espírito Santo, o Espírito de poder que vem tornar a Jesus, a quem todo o poder foi dado, presente com a Tua Igreja, e fazer Teus discípulos testemunhas dessa presença.

Peço-Te, Pai, que me ensines que tenho tanto poder quanto tenho a Jesus vivo e que não devo procurá-lO de maneira que eu possa vê-lO ou senti-lO. É a Tua força divina agindo em minha fraqueza humana para que a glória seja somente Tua. Que eu aprenda a recebê-lo em fé que permite ao Senhor Jesus fazer Sua obra em meio a minhas fraquezas. Faça o Espírito Santo tão presente comigo que meu testemunho seja somente d'Ele.

Desejo, meu Pai, submeter todo o meu ser ao Teu santo poder. Curvar-me-ei ante o Teu governo a cada dia e o dia todo. Serei Teu servo e humilhar-me-ei para obedecer aos Teus mais difíceis mandamentos. Pai, que Teu poder governe em mim de forma que eu seja adequado ao Teu uso. Meu único objetivo na vida é que Teu Filho receba toda a honra e a glória. Amém.

O Espírito de Cristo

133

RESUMO

1. Há uma presença na Igreja de Cristo tão onipotente e divina quanto o próprio Cristo quando estava na Terra, assim como Ele é hoje no trono de poder. À medida que a Igreja desperta para nisso crer e se levantar do pó para vestir suas belas vestes; à medida que espera em seu Senhor para ser "revestida com poder do alto", seu testemunho de Cristo se manifestará em vivo poder. Ela provará que seu todo-poderoso Senhor nela está.

2. Este "revestir com poder do alto", este "receber o poder do Espírito Santo", acontece de maneira contrária às nossas expectativas naturais. É o poder divino operando na fraqueza. O senso de fraqueza não é retirado: o poder não é dado como algo que possuímos. Somente temos o poder à medida que temos o próprio Senhor. Ele exerce o poder em e através de nossas fraquezas.

3. Nosso maior perigo é esperar ver ou sentir o poder. Nossa única necessidade é a fé que reconhece espiritualmente o Senhor poderoso como presente e sabe que ele trabalhará em nossas fraquezas. Ser revestido com poder, ou receber o poder, é se apropriar do Senhor Jesus, recebendo-O em fé, para que nossas almas se regozijem em Sua presença oculta, e saibam que Seu poder opera em nossas fraquezas.

4. Assim como as características de um corpo dependem das várias partículas de que ele é constituído, também o poder da Igreja de Cristo será determinado pelo estado de seus membros individuais. O Espírito Santo não pode operar poderosamente através da Igreja de Deus no mundo até que a multidão dos crentes individuais se entregue completamente ao seu Senhor para serem cheios do Seu Espírito. Trabalhemos e oremos para este fim.

5. Um poder pessoal, com uma vontade e um propósito, tem o controle dentro de mim, pronto para trabalhar a Sua vontade na

minha em todas as coisas. Agora dependo de outra vontade que não é a minha, agora sou governado a partir das profundezas do meu ser. À medida que me submeto e obedeço, o poder d'Ele trabalhará através de mim. Vivo sob o poder de outro.

6. "Pois também eu sou homem sujeito à autoridade, tenho soldados às minhas ordens e digo a este: vai, e ele vai..." (Mt 8:9). O homem que está sujeito a um poder maior tem também poder para comandar seus subordinados. Para conduzir eficazmente outros, preciso primeiro estar sujeito a um poder maior.

.... 15

O Derramamento do Espírito

Ao cumprir-se o dia de Pentecostes, estavam todos reunidos no mesmo lugar... Todos ficaram cheios do Espírito Santo e passaram a falar em outras línguas, segundo o Espírito lhes concedia que falassem.

Atos 2:1, 4

A obra de Cristo culmina no derramamento do Espírito Santo. O impressionante mistério da encarnação em Belém, a grande redenção conquistada no Calvário, a revelação de Cristo como o Filho de Deus no poder da vida eterna através da ressurreição, Sua entrada na glória pela ascensão, são apenas estágios preliminares; seu objetivo e ponto máximo foi a vinda do Espírito Santo. O dia, finalmente, havia chegado. O Pentecostes é a última e a maior das festas cristãs; nele as outras encontram seu cumprimento e realização. A Igreja não deu ao Pentecostes a importância merecida; por isso, não compreendeu este evento como a maior revelação da glória do Pai e do Filho; então, como consequência, a revelação plena do Filho, trazida pelo Espírito Santo, ficou prejudicada. Examinemos o que significa o Pentecostes.

Deus fez o homem à Sua própria imagem e de acordo com Sua semelhança, com o propósito de que o homem fosse parecido com Ele. O homem deveria ser o templo da habitação de Deus; deveria ser a casa de descanso de Deus. Uma união mais próxima e íntima, uma habitação de amor, era o que O Santo ansiava. O que foi anunciado apenas em figuras, limitadamente no templo em Israel, tornou-se divina realidade em Jesus de Nazaré. Deus encontrou um homem em quem Ele pudesse repousar; cujo ser estava totalmente aberto ao governo de Sua vontade e à comunhão de Seu amor. N'Ele foi encontrada a natureza humana governada pelo Espírito divino; Deus desejava que todos os homens fossem assim. E assim será com todo aquele que receber Jesus como sua vida. Sua morte removeu a maldição e o poder do pecado e tornou possível o recebimento do Seu Espírito. Sua ressurreição constituiu-se na entrada da natureza humana, livre de todas as fraquezas da carne, na vida divina do Espírito. Sua ascensão constituiu-se na admissão como homem na própria glória de Deus, a participação da natureza humana na perfeita comunhão com Deus em glória na unidade do Espírito. E, mesmo com tudo isso, a obra ainda não estava completa. O fato principal ainda faltava. Como o Pai poderia habitar no homem assim como habitou em Cristo? Esta foi a pergunta para a qual o Pentecostes dá a resposta.

O Espírito de Cristo

137

Das profundezas da mente do Pai, o Espírito é apresentado em um novo aspecto e poder como nunca havia sido antes. Na criação e na natureza, Ele surge da parte de Deus como o Espírito da vida. Na criação do homem, em especial, Ele agiu como o poder no qual a semelhança com Deus estava alicerçada, e mesmo depois da queda do homem, ainda testificava de Deus. Em Israel, Ele apareceu como o Espírito da teocracia, inspirando e equipando inconfundivelmente certos homens para suas missões. Em Jesus Cristo, Ele veio como o Espírito do Pai, dado a Ele sem medida e n'Ele permanecendo. Todas estas são manifestações, em diferentes graus, de um único e o mesmo Espírito.

Contudo, agora, veio a última há tempos prometida, a inteiramente nova manifestação do Espírito divino. O Espírito que habitou em Jesus Cristo, e em Sua vida de obediência, levou o espírito humano à perfeita comunhão e unidade consigo mesmo, é agora o Espírito do Deus-homem exaltado. Quando o homem Cristo Jesus entra na glória de Deus, e na plena comunhão da vida do Espírito na qual Deus habita, Ele recebe do Pai o direito de enviar Seu Espírito aos Seus discípulos, isto é, descer Ele mesmo em Espírito e neles habitar. O Espírito vem em um novo poder, o que não fora possível antes porque Jesus ainda não havia sido crucificado nem glorificado. Ele vem como o próprio Espírito de Jesus glorificado. A obra do Filho e o anseio do Pai receberam seu cumprimento. Agora é possível o coração do homem tornar-se a casa de Deus.

Eu disse que o Pentecostes é a maior das festas da Igreja. O mistério da encarnação do Filho de Deus é muito grande e glorioso e, se passo a nele crer, tudo o mais torna-se possível. Que um corpo puro e santo seja formado para o Filho de Deus pelo poder do Espírito Santo e que, nesse corpo, o Espírito passe a habitar, é de fato um milagre do poder divino. Mas que este mesmo Espírito agora venha e habite nos corpos de homens pecadores, e que neles também o Pai faça Sua residência, é um mistério de graça que ultrapassa todo entendimento. Mas essa é a bênção que o Pentecostes traz e comunica. A entrada do Filho de Deus na semelhança da nossa carne em Belém, na maldição e morte do pecado em nosso lugar, na natureza humana como o primogênito dos mortos, no poder da vida eterna e na própria glória do Pai constituíram-se apenas nos passos preparatórios para a consumação final que era a habitação permanente. A promessa agora começa a ser cumprida: "Eis o tabernáculo de Deus com os homens. Deus habitará com eles. Eles serão povos de Deus, e Deus mesmo estará com eles." (Apocalipse 21:3).

O derramamento do Espírito só pode ser entendido à luz de tudo o que o precedeu, como o grande sacrifício que Deus realizou e não o considerou penoso o suficiente, pois visava sua habitação com os homens. O derramamento do Espírito é o reflexo terreno da exaltação de Cristo no céu, a participação que Ele dá a Seus amigos da glória que agora tem com o Pai. Para ser entendida plenamente, precisamos de uma iluminação espiritual. Na história que é contada de modo tão simples, os mais profundos mistérios do reino são desvendados, e a escritura de propriedade é dada à Igreja como sua santa herança até o retorno do seu Senhor. O que o Espírito deve ser para os *crentes* e para a Igreja, para os *ministros* da Palavra e sua obra, e para o *mundo* incrédulo, são as três ênfases principais.

Primeiro, Cristo prometeu aos Seus discípulos que no Consolador Ele voltaria novamente para eles. Durante Sua vida terrena, Sua presença pessoal manifestada, revelando o Pai invisível, era a dádiva do Pai aos homens — aquilo pelo que os discípulos ansiavam e

O Espírito de Cristo   **139**

necessitavam. Esta seria a porção deles em mais poder do que antes. Cristo havia entrado na glória com este propósito, que, agora, de uma maneira divina, Ele "preencheria todas as coisas", especialmente os membros do Seu corpo, com Sua vida glorificada. O Espírito Santo veio como uma vida pessoal dentro deles. Anteriormente Ele havia sido uma vida separada deles, fora de sua vida natural. O próprio Espírito do Filho de Deus, como viveu e amou, obedeceu e morreu, ascendeu e foi glorificado, agora se tornaria uma vida vibrante dentro deles. Da maravilhosa glorificação que aconteceu no céu, quando o Senhor assentou-se em Seu trono, o Espírito Santo veio testemunhá-la, comunicá-la e mantê-la neles como uma realidade celestial. De fato, não é de se admirar que quando o Espírito Santo desceu do Pai através do Filho glorificado, toda a natureza deles foi cheia até transbordar com o gozo e poder do céu, com a presença de Jesus, e seus lábios exultaram em louvor das maravilhosas obras de Deus.

Assim foi o nascimento da Igreja de Cristo e assim também deve ser seu crescimento e fortalecimento. A primeira evidência do nascimento da Igreja no Pentecostes são seus membros batizados com o Espírito Santo e fogo – cada coração cheio com a experiência da presença do Senhor glorificado, cada língua e vida testemunhando da maravilhosa obra que Deus fez ao elevar Jesus à glória e então encher Seus discípulos com essa mesma glória. O batismo de poder não é algo que deve ser buscado apenas para e pelos pregadores, mas é uma realidade possível para cada membro do corpo de Cristo; para que cada crente conheça, possua e testemunhe da presença de Cristo que neles habita pelo Espírito Santo. Isso é o que atrairá a atenção do mundo e o constrangerá a uma confissão do poder de Jesus.

Segundo, a multidão, que ouvira a pregação de Pedro, manifestou um misto de interesse e dúvidas quando viram aquele grupo de crentes cheios de júbilo e adoração. A história do Pentecostes ensina-nos a verdadeira posição do seu ministério e o segredo do seu poder. Uma igreja cheia do Espírito Santo é o poder de Deus para despertar os indiferentes e atrair os corações sinceros e carentes. São para esses ouvintes, que são despertados pelo testemunho dos crentes, que a pregação virá com poder. É de uma igreja de homens e mulheres cheios do Espírito Santo que surgirão pregadores guiados pelo Espírito, ousados e livres, para falar a cada crente como testemunha viva da confiabilidade de sua mensagem e do poder de seu Senhor.

A pregação de Pedro é o mais notável exemplo do que será toda pregação inspirada pelo Espírito Santo. O Espírito prega o Cristo das Escrituras. Em contraste com os pensamentos dos homens, que rejeitaram a Cristo, Ele apresenta os pensamentos de Deus, que enviou a Cristo, que se deleitou n'Ele, e que agora O exaltou à Sua destra. Toda pregação no poder do Espírito Santo fará o mesmo. O Espírito é o Espírito de Cristo, o Espírito de Sua vida pessoal, governando nossa personalidade e testemunhando com o nosso espírito daquilo que Cristo conquistou para nós. O Espírito veio com o exato propósito de continuar a obra que Cristo começou na Terra: tornar os homens participantes de Sua redenção e de Sua vida. Não poderia ser diferente; o Espírito sempre dá testemunho de Cristo. Ele assim o fez nas Escrituras; Ele assim o faz nos crentes. O testemunho do crente será sempre de acordo com a Escritura. O Espírito em Cristo, o Espírito nas Escrituras, o Espírito na Igreja; enquanto este triplo cordão estiver entrelaçado, jamais se romperá.

Terceiro, o efeito desta pregação foi algo maravilhoso, mas não mais do que se esperava. A presença e o poder de Jesus eram uma realidade no grupo dos discípulos. O poder do trono encheu a Pedro. A visão que ele teve de Cristo exaltado à destra de Deus foi uma realidade espiritual tão grande que o poder emanou dele. Quando a pregação atingiu seu ponto máximo: "Esteja absolutamente certa, pois, toda a casa de Israel de que a este Jesus, que vós crucificastes, Deus o fez Senhor e Cristo" (At 2:36), milhares se curvaram em quebrantamento de espírito, prontos para reconhecer o crucificado como seu Senhor e Salvador. O Espírito veio aos discípulos e através deles convenceu os ouvintes de sua incredulidade. Os inquiridores arrependidos ouviram o comando para se arrepender e crer, e receberam o dom do Espírito Santo. As maiores obras que Cristo prometeu fazer através dos discípulos, Ele fez. Em um único momento, o preconceito de uma vida inteira e o ódio amargo deram lugar à rendição ao amor e à adoração. Do Senhor glorificado, o poder encheu a Pedro, e dele esse poder saiu para subjugar o pecado e salvar o pecador.

O Pentecostes constituiu-se no glorioso amanhecer "daquele dia", o primeiro "daqueles dias" que os profetas e nosso Senhor tão frequentemente falaram; a promessa e o penhor do que a história da Igreja deveria ser. Admite-se, universalmente, que a Igreja está aquém de cumprir seu destino, que, mesmo agora depois de vinte séculos, ela não ascendeu à altura de seus gloriosos privilégios. Mesmo quando ela se esforça para aceitar seu chamado, testemunhar de seu Senhor até os confins da Terra, não o faz na fé do Espírito do Pentecostes e na posse de Seu poder. Ao invés de considerar o Pentecostes como um amanhecer, ela muito frequentemente fala e age como se ele fosse o meio-dia, a partir do qual a luz logo começa a esmaecer. Se a Igreja retornar ao Pentecostes, o Pentecostes retornará a ela.

O Espírito de Deus não pode tomar posse dos crentes além de sua capacidade para recebê-lO. A promessa está esperando; o

Espírito está disponível com toda Sua plenitude. Precisamos intensificar nossa busca. Embora os crentes continuem em uma única harmonia no louvor, amor e oração, agarrando-se à promessa em fé e olhando fixamente para o Senhor exaltado, na confiança de que Ele Se fará conhecer em poder no meio de Seu povo, é do escabelo do trono que vem o Pentecostes. Jesus Cristo ainda é o Senhor de todos, coroado com poder e glória. Seu anseio de revelar Sua presença em Seus discípulos — fazê-los compartilhar da vida gloriosa em que Ele habita — é tão vigoroso e pleno como quando Ele acabara de ascender ao trono. Tomemos nosso lugar aos pés do trono. Rendamo-nos em expectativa de fé para sermos cheios do Espírito Santo e d'Ele testificarmos. Que o Cristo, que em nós habita, seja nossa vida, força e testemunho. De tal igreja, líderes cheios do Espírito se levantarão com o poder que fará os inimigos de Cristo se curvarem aos Seus pés.

Ó Senhor Deus, adoramos perante o trono no qual o Filho está assentado Contigo, coroado com glória e honra. Agradecemos e bendizemos-Te porque Aquele em quem Te deleitas pertence tanto à Terra quanto ao céu, tanto a nós quanto a Ti. Ó Deus, adoramos-Te; louvamos Teu santo nome.

Pedimos-Te que reveles à Tua Igreja que nosso bendito Cabeça nos considera Seu próprio corpo, compartilhando com Ele de Sua vida, Seu poder e Sua glória; e que o Espírito Santo, como portador dessa vida e poder, espera para revelar isso em nós. Ó, que o Teu povo seja despertado para conhecer o que significa o Espírito Santo: a verdadeira presença do Senhor glorificado em nosso interior, como revestimento de poder do alto para a obra na Terra. Que todo o Teu povo aprenda a olhar atentamente para seu Rei exaltado até que todo o seu ser seja dado a Ele e que Seu Espírito os encha completamente.

Pai, nosso apelo, em nome de Jesus, é que reavives a Tua Igreja. Faça de cada crente um templo cheio do Espírito Santo. Torne cada igreja — seus membros crentes — um grupo consagrado que testifica de um Cristo presente; esperando sempre pela plenitude do poder do alto. Faça de cada pregador da Palavra um ministro do Espírito. Que o Pentecostes em toda a Terra seja o sinal de que Jesus reina, que os redimidos são o Seu corpo, que Seu Espírito trabalha, e que um dia todo joelho se dobrará perante Ele. Amém.

Resumo

1. Quando Jesus retornou ao céu, Ele não poderia suportar a hipótese de que Seu retorno à glória poderia causar qualquer separação entre Ele e Seus fiéis seguidores. A missão do Espírito deveria assegurar e lhes dar Sua presença constante prometida. Essa é a bênção da obra do Espírito; isso O torna o poder de Deus em nós para o serviço.

2. A perfeita saúde de um corpo significa a saúde de cada membro. A obra saudável do Espírito na Igreja requer a saúde de cada crente. Oremos para este fim, de que a presença de Cristo, pelo Espírito que habita em cada crente, tornará nossos períodos de adoração uma repetição do Pentecostes: o grupo, que espera, receptivo e em adoração na Terra e se encontra com o Espírito de Cristo dos céus.

16

O Espírito Santo e Missões

*Havia na igreja de Antioquia profetas e mestres....
E, servindo eles ao Senhor e jejuando, disse
o Espírito Santo: Separai-me, agora, Barnabé e
Saulo para a obra a que os tenho chamado.
Então, jejuando, e orando, e impondo sobre eles as mãos,
os despediram. Enviados, pois, pelo Espírito Santo,
desceram a Selêucia e dali navegaram para Chipre.*

Atos 13:1-4

Já foi dito que os Atos dos Apóstolos bem poderiam ser chamados de os Atos do Senhor Exaltado ou os Atos do Espírito Santo. A promessa de Cristo ao partir: "... mas recebereis poder, ao descer sobre vós o Espírito Santo, e sereis minhas testemunhas tanto em Jerusalém como em toda a Judeia e Samaria e até aos confins da terra" (At 1:8) foi, sem dúvida, uma daquelas palavras divinas embrionárias na qual está contido o reino dos céus com um poder de um infinito crescimento, com a certeza de sua manifestação e da profecia de seu cumprimento.

No livro de Atos vemos traçado o caminho pelo qual a promessa recebeu seu cumprimento inicial na jornada de Jerusalem para Roma. Ele nos dá o divino relato da vinda, habitação e obra do Espírito Santo como o poder dado aos discípulos de Cristo para serem testemunhas d'Ele perante judeus e pagãos, e do triunfo do nome de Cristo em Antioquia e Roma como os centros para a conquista das partes mais remotas da Terra. O livro revela, como uma luz celestial, que o único propósito e objetivo da descida do Espírito de nosso Senhor glorificado dos céus para os discípulos — para revelar neles Sua presença, Seu governo e Seu poder — era prepará-los para serem Suas testemunhas até as partes mais longínquas da Terra. Missões para alcançar os perdidos são o supremo objetivo do Espírito.

Na passagem que tomamos como nosso texto, temos o primeiro relato da porção que a Igreja é chamada para se encarregar da obra das missões. Na pregação de Filipe em Samaria e na de Pedro em Cesaréia, temos o exemplo de homens exercendo individualmente sua função ministerial, sob a liderança do Espírito, entre aqueles que não eram judeus. Na pregação dos homens de Chipre e Cirene aos gregos em Antioquia, temos o instinto divino do Espírito do amor e da vida levando homens a abrir novos caminhos onde os líderes da igreja em Jerusalém ainda não haviam ido. Mas esta direção do Espírito em separar indivíduos específicos estava para se tornar, a partir de agora, parte da organização da Igreja; e toda a comunidade de crentes deveria ser ensinada a fazer sua parte na obra para a qual o Espírito veio especificamente à Terra.

O Espírito de Cristo **147**

Se Atos 2 é importante para nos mostrar a capacitação da Igreja para sua obra em Jerusalém, Atos 13 não é de menos importância no que se refere à Igreja ser separada para a obra das missões. Não podemos louvar suficientemente a Deus pelo crescente interesse em missões nos nossos dias. Se desejamos que nosso interesse seja permanente e pessoal, se queremos que ele seja expresso em amor e devoção entusiasmados ao nosso bendito Senhor e aos perdidos que Ele veio salvar, e se almejamos ser bem sucedidos em elevar a obra da Igreja ao verdadeiro nível de poder do Pentecostes, devemos aprender a lição de Antioquia. A obra missionária deve ter sua iniciativa e poder no reconhecimento direto e único da liderança do Espírito Santo.

Diz-se, frequentemente, que a verdadeira obra missionária sempre nasce de um avivamento da espiritualidade da Igreja. A obra de avivamento do Espírito Santo, que nos revela Cristo, encoraja-nos a uma nova devoção ao bendito Senhor e à dedicação aos perdidos por quem Ele morreu. É em tal condição do coração e da mente que o anseio do Espírito é ouvido. Assim foi em Antioquia. Ali havia certos profetas e mestres que passavam parte de seu tempo ministrando ao Senhor em jejum e oração. Eles combinavam o serviço público a Deus, na Igreja, com uma atitude constante de separação do mundo. Eles sentiam a necessidade de comunhão íntima e contínua enquanto esperavam pelas Suas ordens dos céus. Eles criam que o Espírito, que neles habitava, não poderia ter livre e pleno governo a menos que mantivessem comunhão constante com Ele. Este era seu estado mental e seu hábito de vida, até que o Espírito Santo revelou-lhes que havia chamado dois deles para um ministério especial e pediu-lhes que os separassem, na presença de toda a igreja, para esta obra.

A lei do reino não mudou. Ainda é o Espírito Santo quem está encarregado de todo o trabalho missionário. Ele revelará Sua vontade na designação de tarefas e na seleção daqueles que estão esperando no Senhor. Quando o Espírito Santo, em qualquer tempo, ensina homens de fé e oração a levar a cabo Sua obra, torna-se mais provável que outros, admirando e aprovando o que aqueles fazem, vejam a harmonia de sua conduta com a Escritura e desejem seguir seu exemplo. Ainda assim, o verdadeiro poder da liderança e da obra do Espírito, bem como o amor e devoção pessoais a Jesus como Senhor podem estar presentes apenas em uma pequena medida. É porque muito do interesse na causa missionária advém desta condição que, muitas vezes, há dificuldade em convencer seus cooperadores de sua genuína necessidade e validade.

O mandamento do Senhor é conhecido da forma como é registrado na Bíblia; a viva voz do Espírito, que revela o Senhor em viva presença e poder, nem sempre é ouvida. Não é suficiente que os crentes sejam incitados e encorajados a ter mais interesse em missões, a orar ou a contribuir mais financeiramente. Há uma necessidade mais urgente. Na vida de um cristão, a habitação e a permanência do Espírito Santo, bem como o governo do Senhor da glória que o sustenta, devem tornar-se o principal alvo de sua existência. Na comunhão da Igreja, devemos aprender a esperar mais diligentemente pela liderança do Espírito na seleção dos obreiros e dos campos de trabalho, bem como no despertamento do interesse e busca por sua manutenção. A missão que se origina em oração e espera no Espírito, certamente será suprida pelo Seu poder.

Que ninguém imagine que, quando falamos dessa maneira, pretendemos desviar os crentes dos aspectos práticos da obra que deve ser feita. Há muita necessidade de cooperação e diligência para que se realize uma obra em outro país ou mesmo em outra cidade. A informação deve circular, pessoas devem ser recrutadas, fundos devem

O Espírito de Cristo

149

ser levantados, oração considerável deve ser ofertada e líderes devem se reunir, consultar e decidir. Tudo isso é necessário. Mas só será bem feito, e feito como um serviço agradável ao Mestre, na medida em que for feito no poder do Espírito Santo. O Espírito chamou a Igreja para ter inclinação missionária, para inspirar e capacitar os discípulos de Cristo para propagar o evangelho até os confins da Terra.

A origem, o progresso, o sucesso das missões são d'Ele. É Ele quem desperta nos corações dos crentes o zelo pela honra do Senhor, a compaixão pelas almas dos perdidos, a fé em Suas promessas, a obediência voluntária aos Seus mandamentos, pelos quais um ministério cresce e é bem sucedido. É Ele quem planeja um esforço conjunto, que chama obreiros para enviá-los, que abre as portas e prepara os corações daqueles que irão ouvir a Palavra. É Ele que minuciosamente abençoa a colheita, e nos lugares em que o poder de Satanás está estabelecido, envia Seus redimidos para destruir as fortalezas. As missões são a obra especial do Espírito Santo.

Ninguém pode esperar ser cheio do Espírito se não deseja ser usado de alguma forma na colheita. E ninguém que deseja trabalhar ou orar pelas missões precisa ficar lamentando sua própria fraqueza ou pobreza. O Espírito Santo é o poder que é capaz de equipá-lo para tomar seu lugar divinamente designado na obra do evangelho. Que todos os que oram pelas missões, que anseiam por um espírito missionário mais frequente na Igreja, orem primeiro para que em cada um daqueles que já estão envolvidos sejam cheios do poder do Espírito de habitação.

O envio de obreiros é, igualmente, a obra da Igreja e do Espírito. Esse é um ponto em comum. Mas há alguns que são somente enviados pelo Espírito em meio à oposição ou indiferença da igreja. Contrariamente, alguns vão sob a tutela da igreja sem a bênção e sanção do

Espírito Santo. Bem-aventurada é a igreja cujos esforços missionários são originados no Espírito, onde Lhe é permitido liderar, guiar e enviar. Após dez dias orando e esperando na Terra, o Espírito desceu em fogo: este foi o nascimento da igreja em Jerusalém. Após ministrar e jejuar, esperar e orar, o Espírito enviou a Barnabé e a Saulo: esta foi, em Antioquia, a consagração da Igreja como Igreja missionária.

Eu diria para qualquer missionário que esteja longe de sua casa, lendo este texto: "eu o encorajo, irmão ou irmã! O Espírito Santo, que é o poder de Deus, que é a presença de Jesus dentro de você, está com você, em você e é por você. A obra é d'Ele: dependa d'Ele, renda-se a Ele, espere n'Ele; a obra é d'Ele e Ele a cumprirá.

Para todos os demais crentes, sejam diretores de missões, cooperadores em oração, contribuidores financeiros, ou, de qualquer outra maneira, obreiros que estejam trabalhando pela vinda do reino, "sintam-se encorajados". Do tempo de espera e do recebimento do batismo do Espírito, os discípulos prosseguiram até atingir Antioquia. Lá eles pararam, oraram, jejuaram, e então seguiram para Roma e as regiões ao redor. Que nós aprendamos o segredo de poder desses nossos irmãos. Convidemos todos os crentes que se interessam por missões a virem conosco e serem cheios do Espírito, cuja obra é a obra de missões. Levantemos claro testemunho de que a necessidade da Igreja e do mundo é um grupo de crentes que podem testificar de um Cristo que neles habita pelo Espírito e que provem que Seu poder é eficaz. Reunamo-nos na antecâmara da presença do Rei – a espera em Jerusalém, o ministério e jejum em Antioquia. O Espírito ainda vem da maneira que vinha nessa época. Ele ainda se move e envia; Ele ainda é poderoso para convencer de pecado e revelar a Jesus Cristo e trazer multidões a Seus pés. Ele espera por nós: esperemos n'Ele e estejamos prontos para receber Seu chamado.

Ó Deus, enviaste Teu Filho para ser Salvador do mundo. Deste a Ele o poder sobre toda carne, para que Ele concedesse vida eterna a todos quantos a Ele deste. E derramaste Teu Espírito sobre toda carne, comissionando todos quantos O receberam para tornar conhecido o glorioso evangelho. No amor e poder em que Teu Espírito foi enviado, Ele envia àqueles que se rendem a Ele para serem instrumentos de Seu poder. Agradecemos-Te por Tua completa e todo-inclusiva salvação.

Maravilhamo-nos e envergonhamo-nos da negligência e apatia de Tua Igreja em não cumprir sua divina comissão. Humilhamo-nos por nossa lentidão de coração em perceber e crer no que Teu Filho prometeu, em obedecer a Sua vontade e terminar Sua obra. Clamamos a Ti, nosso Deus! Visita Tua Igreja e encha Teus filhos com o Teu Espírito, o Espírito de missões.

Ó Pai, dedico-me novamente a Ti para viver e trabalhar, para orar e labutar, para me sacrificar e sofrer se necessário for ao Teu reino. Eu novamente aceito em fé o maravilhoso dom do Espírito Santo, o próprio Espírito de Cristo, e rendo-me à Sua habitação. Humildemente rogo que me permita, e a todos os Teus filhos, que sejamos tão poderosamente fortalecidos pelo Espírito Santo que Cristo possua nossos corações e vidas, e que nosso único desejo seja que toda a Terra seja cheia de Sua glória. Amém.

Resumo

1. "Enviados pelo Espírito Santo." O Espírito Santo foi *enviado* pelo Filho, vindo do Pai, para continuar Sua obra na Terra. Ele cumpre esta missão enviando Seu povo para a colheita. A missão do Espírito foi idealizada por Deus para dar à Igreja o Espírito de missões. Seu derramamento é sobre toda a carne. Ele não pode descansar até que todos tenham ouvido de Cristo.

2. Um espírito missionário é o Espírito de Cristo – a pura chama de Seu amor pelas almas, ardendo de maneira brilhante em nós para nos tornar primeiramente dispostos e, depois, desejosos de ir a qualquer lugar e sofrer qualquer privação, para procurar e encontrar os perdidos nas áreas do mundo que não foram alcançadas pelo evangelho.

3. É verdade que pertencemos a Cristo? Se não temos o Espírito de Cristo, não pertencemos a Ele. Sabemos que o Espírito do Salvador é um espírito de autossacrifício pela salvação do mundo. Devemos aplicar esse teste aos nossos próprios corações.

4. Jesus enviou o Espírito Santo para tomar posse de nossos corações, para que Ele pudesse viver lá e operar em e através de nós, assim como o Pai operou em e através d'Ele. Esperarei no Senhor até que minha alma esteja cheia da certeza de que o Espírito habita em mim, Sua própria presença. A esse Espírito eu me rendo, como fizeram os discípulos. Eles viram com os olhos de Cristo, sentiram com o coração d'Ele, trabalharam com Sua energia; Ele possuíam Seu Espírito. E nós temos Seu Espírito também.

5. Logo antes de sua morte, David Livingstone escreveu: "Meu Jesus, meu rei, minha vida, meu tudo. Eu novamente dedico todo meu ser a Ti". Ele morreu de joelhos, com o rosto curvado entre as mãos, orando.

17

A Novidade do Espírito

*Agora, porém, libertados da lei, estamos mortos
para aquilo a que estávamos sujeitos, de modo que servimos
em novidade de espírito e não na caducidade da letra.*

Romanos 7:6

Mas, se sois guiados pelo Espírito, não estais sob a lei.

Gálatas 5:18

A obra do Espírito de habitação é glorificar a Cristo e revelá-lO a nós. De maneira correspondente ao triplo ofício de Cristo como profeta, sacerdote e rei, percebemos que a obra do Espírito de habitação no crente tem três aspectos: iluminação, santificação e fortalecimento. Da iluminação, Cristo fala particularmente em seu discurso de despedida, ao prometer o Espírito como o Espírito da verdade, que dará testemunho d'Ele, guiará a toda a verdade, e tomará de Cristo e declarará a nós.

Nas epístolas aos romanos e aos gálatas, a obra de santificação é especialmente destacada: isto é o que era necessário às igrejas recentemente saídas do paganismo. Nas epístolas aos coríntios, onde a sabedoria era especialmente apreciada e buscada, os dois aspectos são combinados; eles são ensinados que o Espírito só pode iluminar conforme Ele santifica (1 Co 2, 3:1-3, 16; 2 Co 3). Nos Atos dos Apóstolos, como poderíamos esperar, Seu fortalecimento para o serviço está em primeiro plano; como o prometido Espírito de poder, Ele prepara para um testemunho ousado em meio à perseguição e dificuldades.

Na epístola para a igreja em Roma, a capital do império, Paulo foi chamado por Deus para fazer uma exposição completa e sistemática de Seu evangelho e do plano da redenção. Nisto a obra do Espírito Santo deve ocupar um lugar importante. Ao apresentar seu texto ou tema "o justo viverá pela fé" (Rm 1:17), ele abre o caminho para o que desejava expor: que, pela fé, tanto a justiça quanto a vida viriam. Na primeira parte de seu argumento (Rm 6:11), ele ensina o que é a justiça da fé. Ele então prossegue (vv. 12-21) provando de que maneira esta justiça está enraizada em nossa união viva com o segundo Adão e em uma justificação da vida. No indivíduo (vv. 1-13), esta vida vem pela aceitação da morte de Cristo para o pecado e Sua vida em Deus como nossa, e pela rendição voluntária ao serviço de Deus e da justiça (6:14-23). Prosseguindo em mostrar que em Cristo estamos não somente mortos para o pecado, mas também para a lei – a força do pecado – ele chega naturalmente à nova lei que Seu

O Espírito de Cristo

evangelho traz para tomar o lugar da velha, a lei do Espírito da vida em Cristo Jesus.

Sabemos o quanto um argumento é fortalecido pelo contraste. Assim como o apóstolo contrasta a servidão ao pecado e à justiça (6:13-23), também no capítulo seguinte (7:4), ele enfatiza o poder e a obra do Espírito através do contraste entre o serviço na caducidade da letra, em sujeição à lei, com o serviço em novidade do Espírito da vida. Nas passagens seguintes (7:14-25; 8:1-16) vemos o contraste já desenvolvido; é sob esta luz que as duas condições podem ser claramente entendidas. Cada situação tem sua palavra-chave, indicando o caráter da vida que ela descreve.

Em Romanos 7 encontramos a palavra *lei* vinte vezes e a palavra *Espírito* somente uma. Nos dezesseis primeiros versículos de Romanos 8, a palavra *Espírito* é vista dezesseis vezes. O contraste é entre a vida cristã vivida pela lei ou vivida pelo Espírito. Paulo, muito ousadamente, declara que não somente estamos mortos para o pecado, e feitos livres do pecado, para que nos tornemos servos da justiça e de Deus (Rm 6), mas também que "libertados da lei, estamos mortos para aquilo a que estávamos sujeitos, de modo que servimos em novidade de espírito e não na caducidade da letra" (Rm 7:6). Temos aqui um dulpo avanço no ensino de Romanos 6. Lá havia a morte para o pecado e a libertação dele, aqui há a morte para a lei e a libertação dela. Lá havia "novidade de vida" (6:4), como uma realidade objetiva assegurada para nós em Cristo; aqui há "novidade de espírito" (7:6), como uma experiência subjetiva vivenciada por nós pela habitação do Espírito. Aquele que deseja conhecer e desfrutar plenamente da vida no Espírito deve saber o que é a vida na lei e quão completa é a libertação desta, possibilitada pelo Espírito.

Na descrição que Paulo faz da vida de um crente que ainda permanece preso à servidão da lei, e procura cumpri-la, há três expressões nas quais as marcas características desse estado são assim resumidas. A primeira é a palavra *carne*. "... eu, todavia, sou carnal, vendido à escravidão do pecado. (...) Porque eu sei que em mim, isto é, na minha carne, não habita bem nenhum" (7:14, 18). Se queremos entender a palavra *carnal*, devemos dirigir-nos à exposição de Paulo sobre a carne em 1 Coríntios 3:1-3. Ele a usa ali a respeito de cristãos que, apesar de regenerados, não se renderam inteiramente ao Espírito, para que se tornassem espirituais. Eles têm o Espírito, mas permitem que a carne prevaleça.

Há, portanto, uma diferença entre cristãos que são carnais ou espirituais estabelecida pelo elemento que é mais forte neles. Enquanto tiverem o Espírito, mas não aceitarem plenamente Seu livramento e continuarem a lutar com suas próprias forças, eles não irão, e nem poderiam, tornar-se espirituais. Paulo descreve aqui o homem regenerado. Ele vive no Espírito, mas, de acordo com Gálatas 5:25, não "anda no Espírito". Ele tem um novo espírito dentro dele, de acordo com Ezequiel 36:26, mas não aceitou, por convicção e experiência, que o Espírito de Deus habite e governe em seu interior. Por isso ainda é carnal.

A segunda está em Romanos 7:18: "... querer o bem está em mim; não, porém, o efetuá-lo". Através de várias expressões, Paulo tenta esclarecer o estado doloroso de absoluta impotência que a lei, e o esforço para cumpri-la, provocam em uma pessoa: "Porque não faço o bem que prefiro, mas o mal que não quero, esse faço" (v. 19). Querer, mas não fazer: assim é o serviço a Deus na caducidade da letra, na vida antes do Pentecostes (veja Mateus 26:41). O espírito renovado do homem aceitou e consentiu com a vontade de Deus, mas quanto ao poder sercreto para obedecê-la, pelo Espírito de habitação de Deus, ainda era algo não vivenciado. Naqueles que, pelo contrário, conhecem o que é a vida no Espírito, Deus opera tanto o querer como o realizar; o cristão testifica, "tudo posso naquele que me fortalece" (Fp 4:13). Mas isso somente é possível através da fé e do Espírito Santo. Enquanto o crente não for conscientemente liberto da lei, seus esforços para fazer a vontade de Deus resultarão continuamente em falhas. Ele pode até se deleitar na lei de Deus em seu homem interior, mas falta o poder para obedecer-lhe. É somente quando se submete à lei da fé – porque sabe que foi liberto da lei – que se pode unir a outro, ao Jesus vivo, operando nele através de Seu Espírito Santo para que, de fato, frutifique para Deus.

A terceira expressão está em Romanos 7:23: "... mas vejo, nos meus membros, outra lei que, guerreando contra a lei da minha mente, me faz prisioneiro da lei do pecado que está nos meus membros". Esta palavra *prisioneiro*, ou *vendido à escravidão do pecado*, sugere a ideia de escravos vendidos sem a liberdade ou o poder de fazer o que querem. Isto aponta para o que ele disse no início do capítulo: que fomos libertos da lei; e aqui se vê evidentemente alguém que ainda não conhece essa liberdade. Aponta também para o que ele dirá no versículo 2 do capítulo 8: "Porque a lei do Espírito da vida, em Cristo Jesus, te livrou da lei do pecado e da morte".

A liberdade que nos foi dada em Cristo, oferecida de acordo com a nossa fé, não pode ser plenamente aceita ou experimentada enquanto houver indícios de um espírito legalista. É somente pelo Espírito de Cristo, dentro de nós, que a plena libertação é efetuada. Tanto na caducidade da letra quanto na novidade do Espírito existe uma dupla relação: o objetivo e o subjetivo. Há a lei sobre mim e fora de mim, e há a lei do pecado em meus membros, derivando sua força da primeira. De maneira semelhante, ao ser liberto da lei, há a liberdade objetiva em Cristo oferecida de acordo com a minha fé.

Há também a posse subjetiva dessa liberdade, em sua plenitude e poder, que é obtida somente através da habitação e governo do Espírito sobre os meus membros, como fazia antes a lei do pecado. Somente isso pode transformar o clamor do cativo: "Desventurado homem que sou! Quem me livrará do corpo desta morte?" (7:24); no cântico do resgatado temos a resposta: "Graças a Deus por Jesus Cristo, nosso Senhor" (7:25)! E no capítulo 8, "porque a lei do Espírito da vida, em Cristo Jesus, te livrou da lei do pecado e da morte" (v. 2).

Como devemos considerar as duas condições colocadas diante de nós em Romanos 7:14-23 e 8:1-16? Elas são intercambiáveis, sucessivas ou simultâneas?

Muitos pensaram que elas são uma descrição das diversas experiências na vida do crente. Embora frequentemente capaz, pela graça de Deus, de fazer o que é bom e viver de maneira agradável a Deus, e assim experimentar a graça do capítulo 8, a consciência do pecado e das fraquezas imergem-no novamente na desesperança do capítulo 7. Apesar de, algumas vezes, uma ou outra situação ser mais proeminente, cada dia apresenta a experiência de ambas.

Outros sentem que essa não é a vida de um crente como Deus queria que fosse, ou a vida que a provisão da graça de Deus trouxe ao seu alcance. Assim que viram que a vida de liberdade com que Cristo nos liberta – quando o Espírito Santo habita em nós – está ao nosso alcance, e assim que entraram nela, é, para eles, como se agora e para sempre deixassem a experiência de Romanos 7 para trás e só pudessem olhar para ela como a vida de Israel no deserto, uma vida para a qual eles jamais deveriam retornar. Há muitos que podem testificar que receberam iluminação e bênção quando viram a bendita transição da servidão da lei para a liberdade do Espírito.

Ainda que seja grande a medida de verdade dessa visão, ela não é plenamente satisfatória. O crente sincero admite que não há um dia sequer em que possa dizer convicto: "... em mim, isto é, na minha carne, não habita bem nenhum..." (7:18). Mesmo quando mantido jubilosamente na vontade de Deus, e fortalecido não somente para desejar, mas também para fazer a vontade d'Ele, ele sabe que não vem dele, mas é a graça de Deus. Assim, o crente passa a ver que não as duas experiências, mas as duas condições são simultâneas, e que, mesmo quando sua experiência é mais plenamente aquela da lei do Espírito da vida em Cristo Jesus tornando-o livre, ele ainda carrega consigo o corpo do pecado e da morte.

E assim, apesar de termos sempre conosco a nossa carne enquanto vivermos na Terra, o Espírito nos ajuda e liberta momento a momento, e a vitória pode ser nossa se, tão somente, olharmos para Ele. O "tornar livre", que é pelo Espírito, a libertação do poder do pecado e o cântico de agradecimento a Deus são as experiências contínuas do poder da vida eterna mantida pelo Espírito de Cristo. Quando sou guiado pelo Espírito, não estou sob a lei. O espírito de escravidão da lei, sua fraqueza através da carne, e o senso de condenação e desesperança são colocados de lado pelo Espírito de habitação.

Se há uma lição que o crente deve aprender para desfrutar a plenitude do Espírito, é a que é ensinada no capítulo 8: que a lei, a carne e o esforço próprio são completamente inúteis para nos capacitar a servir a Deus. É o Espírito de habitação, tomando o lugar da lei, que nos leva à liberdade pela qual Cristo nos libertou. Onde há o Espírito do Senhor, aí há liberdade.

Senhor Jesus, eu humildemente peço que me esclareças o segredo da vida do Espírito. Ensina-me o que significa morrer para a lei para que meu serviço a Deus não seja mais na caducidade da letra, mas que eu seja unido a outro, ao próprio Senhor exaltado, através de quem frutificaremos para Deus, servindo em novidade do Espírito.

Bendito Senhor, com pesar confesso que na minha carne não habita bem algum, que eu sou carnal e vendido à escravidão do pecado. Mas louvo-Te porque em resposta ao clamor de "quem me livrará do corpo dessa morte", ensinaste-me a dizer "graças a Deus por Jesus Cristo nosso Senhor! Porque a lei do Espírito da vida, em Cristo Jesus, livrou-me da lei do pecado e da morte".

Ensina-me, agora, a servir-Te em novidade de vida e liberdade. Rendo-me, em plena e sincera fé, ao Espírito Santo para que minha vida esteja de fato na gloriosa liberdade dos filhos de Deus, no poder de um Salvador que em mim habita, operando em mim tanto o querer quanto o realizar tudo aquilo que Lhe agrada, assim como o Pai n'Ele operou. Amém.

O Espírito de Cristo

161

RESUMO

1. Não basta que saibamos que há dois mestres, Deus e o pecado (Rm 6:15-22), e nos rendamos somente a Deus. Devemos ver que há duas maneiras de servir a Deus: na caducidade da letra (a lei) ou na novidade do Espírito (Rm 7:1-6). Até que uma alma perceba a diferença, confesse seu perigo e inutilidade conforme ilustrado em Romanos 7:14-25, e abandone completamente a lei, ela não pode entender plenamente o que é o serviço em novidade do Espírito. É somente depois da morte da velha vida e da confiança na carne que a nova vida pode florescer.

2. Certifique-se de que quando você perguntar "quem me livrará do corpo dessa morte?" você responda sempre com a Escritura: "graças a Deus por Jesus Cristo nosso Senhor! Porque a lei do Espírito da vida, em Cristo Jesus, me livrou da lei do pecado e da morte". Nunca faça a pergunta sem dar esta resposta.

3. A palavra *lei* é usada em dois sentidos. Significa uma regra interior, de acordo com a qual toda a natureza age, e é usada para indicar este poder, ou é usada com respeito a uma regra externa, de acordo com a qual alguém que não age assim espontaneamente deve ser ensinado a agir. A externa é sempre a prova de que falta a interna. Quando a lei interior prevalece, a exterior não é necessária. "Se sois guiados pelo Espírito, não estais debaixo da lei." O Espírito de habitação nos liberta da lei.

4. Todo o mistério da santificação reside na promessa da nova aliança: "Eu porei dentro deles as minhas leis, em seu coração as inscreverei". Assim como cada planta obedece em seu crescimento à lei colocada em seu íntimo por Deus, também o crente que aceita a promessa da nova aliança em sua plenitude anda no poder dessa lei interior. O Espírito interior liberta da lei exterior.

18

A LIBERDADE DO ESPÍRITO

*Porque a lei do Espírito da vida, em Cristo Jesus,
te livrou da lei do pecado e da morte. (...)
Porque, se viverdes segundo a carne,
caminhais para a morte; mas, se, pelo Espírito,
mortificardes os feitos do corpo, certamente, vivereis.*

Romanos 8:2, 13

No sexto capítulo de Romanos Paulo fala da nossa libertação do pecado em Cristo Jesus (vv. 18, 22). Nossa morte para o pecado em Cristo libertou-nos de seu domínio: sendo livres do pecado como poder, como mestre, quando aceitamos a Cristo em fé, nos tornamos servos da justiça e de Deus. No sétimo capítulo, ele nos fala de sermos libertos da lei (vv. 1-6). "... a força do pecado é a lei"

(1 Co 15:56): a libertação do pecado e da lei andam unidas. Sendo livres da lei, somos unidos ao Cristo vivo, para que, em união com Ele, sirvamos em novidade do Espírito (7:4-6). Paulo, nestas duas passagens (Romanos 6 e 7), apresenta a libertação do pecado e da lei, em sua realidade objetiva, como uma vida preparada em Cristo para ser aceita e mantida por fé. De acordo com a lei de crescimento gradual na vida cristã, o crente deve, no poder do Espírito com o qual foi selado por fé, entrar nessa união e nela andar.

Em matéria de experiência, quase todos os crentes podem testificar que, mesmo depois que viram e aceitaram este ensinamento, sua vida não é o que esperavam que fosse. Eles consideram o declínio da experiência de Romanos 7 muito real e dolorosa. É porque, geralmente, não há outra maneira de aprender as duas grandes lições. A primeira é a inutilidade da vontade humana, sendo compungida, pela lei, à obediência para produzir a justiça divina na vida de alguém. A segunda é a necessidade da habitação plena e consciente do Espírito Santo como o único poder suficiente para a vida de um filho de Deus.

Na primeira metade de Romanos 8 vemos esta segunda verdade exposta. Na divina exposição da vida cristã nessa epístola, e de seu crescimento no crente, há um evidente avanço passo a passo. O oitavo capítulo – ao apresentar pela primeira vez o Espírito Santo na revelação da vida de fé conforme a vemos nos capítulos 6 a 8 – ensina-nos que é somente à medida que o Espírito motiva nossa vida e caminhada, e quando é reconhecido e aceito para fazer isso, que podemos possuir e desfrutar, plenamente, das riquezas da graça que são nossas em Cristo. Que todos que desejam saber o que é estar morto para o pecado e vivo para Deus, ser livre do pecado e da lei e unido Àquele que foi levantado dos mortos, encontrem a força que

O Espírito de Cristo

necessitam nesse Espírito, através de quem a união com Cristo pode ser mantida como uma experiência divina e Sua vida vivida em nós em poder e verdade.

Na primeira metade do oitavo capítulo o segundo versículo constitui-se no centro. Ele revela o maravilhoso segredo de como nossa liberdade do pecado e da lei pode tornar-se uma experiência viva e permanente. Um crente pode saber que é livre e ainda assim, ter de admitir que sua experiência é a de um cativo sem esperança. A liberdade é tão exclusivamente *em* Jesus Cristo, e a manutenção da união viva com Ele é tão clara e unicamente uma obra do poder divino, que é somente quando vemos que o Espírito habita dentro de nós para este exato propósito, e sabemos como aceitar e nos render ao Seu trabalhar, que podemos verdadeiramente permanecer de modo perfeito e completo na liberdade com que Cristo nos libertou.

A vida e liberdade de Romanos 6 e 7:1-6 serão nossas na mesma medida em que pudermos dizer: "A lei do Espírito da vida, em Cristo Jesus, livrou-me da lei do pecado e da morte" (Rm 8:2). Por toda a vida cristã, reina este princípio: "Faça-se-vos conforme a vossa fé" (Mt 9:29). Conforme o Espírito Santo, o Espírito da fé, revela a grandeza do poder de ressureição de Deus operando em nós, e conforme a fé no Espírito de habitação leva-nos a receber este poder em plenitude, tudo o que está disponível para nós em Cristo Jesus torna-se manifesto em nossa experiência diária pessoal. Quando percebemos a diferença entre este ensino e o anterior (Rm 6-7:6), e vemos que o último é muito mais vantajoso, a posição mais gloriosa e singular, que o Espírito Santo – como Deus – possui no plano da redenção e da vida da fé, se abrirá para nós. Aprendemos que, da mesma forma que nossa liberdade em Cristo é perfeita, assim também é o poder desta vida em capacitar-nos a andar na liberdade do Espírito Santo. A certeza e a experiência vivas da habitação do Espírito Santo tornar-se-ão, para nós, a primeira necessidade da nova vida, inseparáveis da pessoa e da presença de Jesus Cristo nosso Senhor.

Novamente, "a lei do Espírito da vida, em Cristo Jesus, livrou-nos da lei do pecado e da morte". Paulo contrasta, aqui, as duas leis opostas: a do pecado e da morte nos seus membros, e a do Espírito e da vida governando e vivificando até mesmo o corpo mortal. Sob a primeira, vemos o crente suspirando como um cativo sem esperança. Na segunda metade de Romanos 6, Paulo o retrata como liberto do pecado e, por rendição voluntária, tornado servo de Deus e da justiça. Ele abandonou o exercício do pecado e, ainda assim, o pecado o domina frequentemente.

A promessa de que "o pecado não" — nem por um momento — "terá domínio sobre vós" (6:14) não se tornou realidade. O querer está presente, mas ele não sabe como realizar. "Desventurado homem que sou! Quem me livrará do corpo desta morte?" (7:24) é o lamento pela inutilidade de todos os seus esforços para cumprir a lei. "Graças a Deus por Jesus Cristo, nosso Senhor" (7:25) é a resposta de fé que proclama a libertação em Cristo desse poder que o mantinha cativo. Da lei, que é o domínio do pecado e da morte nos membros, e de seu verdadeiro poder em motivar o pecado, há libertação. Este resgate é uma nova lei, uma força poderosa, um verdadeiro poder que liberta do pecado.

Tão real quanto foi a energia do pecado operando em nossos membros é a energia do Espírito habitando em nosso corpo. É o Espírito da vida que está em Cristo. Desta vida, que foi suprida pela poderosa energia do poder de Deus na ressureição e ascenção

O Espírito de Cristo

(Ef 1:17, 21), e reconhecida no trono da onipotência de Deus como o Espírito eterno, foi que desceu o Espírito Santo, o próprio Deus. A lei, o poder e o domínio da vida em Cristo Jesus livrou-me da lei, do domínio do pecado e da morte em meus membros, com uma liberdade tão real como foi a escravidão.

Desde o início da nova vida, foi o Espírito quem inspirou a fé em Cristo. Quando, inicialmente, entramos na justificação, foi Ele quem derramou abundantemente o amor de Deus em nossos corações. Foi Ele quem nos levou a ver Cristo como nossa vida e também como nossa justiça. Mas tudo isso foi, na maioria das vezes, acompanhado pela falta de conhecimento de Sua presença e da grande necessidade de um suprimento de Seu imenso poder. Conforme o crente em Romanos 7:14-23 é conduzido à descoberta do legalismo enraizado da velha natureza e de sua absoluta impotência, a verdade do Espírito Santo, e do imenso poder com o qual Ele, no sentido prático, liberta-nos do poder do pecado e da morte, é compreendida como nunca antes. Nosso texto torna-se uma declaração da mais elevada fé e experiência combinadas: "a lei do Espírito da vida, em Cristo Jesus, livrou-me da lei do pecado e da morte". Tão real, poderosa e espontânea como foi a lei do pecado nos membros, assim também é a lei do Espírito da vida nesses membros.

O crente, que deseja viver plenamente nessa liberdade de vida em Cristo Jesus, entenderá facilmente qual é o caminho em que aprenderá a andar. A mensagem de Romanos 8 é o objetivo para o qual Romanos 6 e 7 conduzem. Em fé, ele primeiro terá de estudar e aceitar tudo o que é ensinado nesses dois primeiros capítulos sobre estar em Cristo Jesus, morto para o pecado e vivo para Deus, livre do pecado e da lei e unido a Cristo. "Se vós permanecerdes na minha palavra, sois verdadeiramente meus discípulos; e conhecereis a verdade, e a verdade vos libertará" (Jo 8:31-32). Permita que a Palavra de Deus, à medida que ensina sobre sua união com Cristo, seja o solo vivo no qual sua fé e vida criem raízes diariamente; habite, permaneça nela, e permita que ela habite em você. Meditar, segurar, esconder no coração a palavra deste evangelho e assimilar por fé, é a maneira de reter a verdade que a Escritura ensina. Se a sua transição pela experiência de carnalidade e cativeiro, para a qual as tentativas de cumprir a lei nos conduzem, parece ser tudo menos progresso, lembre-se que é no mais profundo desespero de si mesmo que a completa rendição ao Espírito nasce e fortalece. O fim de toda esperança, advinda da carne e da lei, é a entrada para a liberdade do Espírito.

Para andar nos caminhos desta nova vida, será de especial importância lembrar o que significa a expressão "andar no Espírito". O Espírito deve conduzir, revelar o caminho. Isso implica rendição, obediência e espera para ser guiado. Ele deve ser o poder governante; em todas as coisas devemos viver e agir sob a lei e a autoridade do Espírito. Santo temor em entristecê-lO, cuidado em procurar conhecer sua liderança, fé diária em Sua presença, humilde veneração a Ele como Deus — tudo isto deve ser marca dessa vida. As palavras que Paulo usa ao fim dessa seção devem expressar nosso objetivo: "... se, pelo Espírito, mortificardes os feitos do corpo, certamente, vivereis" (Rm 8:13). O Espírito Santo possuindo, inspirando, e motivando todos os poderes do nosso espírito e alma; entrando em nós e capacitando-nos morrer para os feitos do corpo, é aquilo com que devemos contar. Esta é a santificação do Espírito para a qual fomos chamados.

Andamos por fé e não por vista: é disso que precisamos nos lembrar, de forma especial, a respeito de nosso andar no Espírito.

O Espírito de Cristo **169**

Porque a manifestação visível de Cristo e Sua obra é muito mais inteligível do que a revelação da obra do Espírito em nós, a busca pela liderança do Espírito geralmente demanda mais fé. O poder do Espírito oculta-se juntamente com nossa fraqueza para se encarregar, por nós, de nossa vida diária. É necessária uma paciente perseverança para se entrar na plena consciência de Sua presença interior.

Precisamos da unção direta, renovada dia a dia, que vem do Santo, em comunhão com Cristo. A expressão "crê somente!" nunca foi tão necessária como agora. Creia na promessa do Pai. Creia no Filho e na vida d'Ele que é sua pelo Espírito d'Ele. Creia no Espírito Santo como o portador, comunicador e mantenedor da vida e presença de Jesus com você. Creia que Ele *habita* em você.

Sempre bendito Deus e Pai, louvamos-Te pelo maravilhoso dom de Teu Espírito Santo, em quem Tu e Teu Filho juntamente viestes fazer morada em nós. Bendizemos-Te pelo maravilhoso dom da vida eterna que Teu amado Filho conquistou para nós. Agradecemos-Te porque a lei do Espírito da vida, em Cristo Jesus, liberta-nos da lei do pecado e da morte.

Pai nosso, oramos para que nos reveles, em plena e bendita experiência, o que é a perfeita lei da liberdade, o que é o poder de uma existência contínua e inexaurível, senão aquilo que nos é a vida eterna. É a lei do Espírito da vida em Cristo Jesus, o Espírito Santo revelando e glorificando a Cristo em nós como presença interior. Ó Pai, abre os nossos olhos e fortalece a nossa fé para que creiamos que a lei do Espírito é, de fato, maior que a lei do pecado em nossos membros. Ensina isto a todos os Teus queridos filhos. Amém.

Resumo

1. Avalie se esta é a sua experiência: você está vivendo na liberdade da lei do Espírito da vida em Cristo Jesus? Você está, verdadeiramente, liberto da lei do pecado e da morte nos seus membros?

2. Lembremo-nos do caminho mostrado a nós, no evangelho de Cristo, por Paulo. Você foi reconciliado com Deus pela morte de Seu Filho; você será agora salvo por Sua vida (Rm 5:10). Pela fé você sabe que esta vida é sua em todo o seu poder (6:11). Na força dela você se entrega para ser um servo de Deus (6:15-22). Mas o serviço não deveria ser em sentido legalista sob a lei, mas em novidade do Espírito (7:1-6). Porque você não entendeu isso, procurou no poder da nova vida cumprir a lei em que se deleitava, e ainda assim falhou (7:14, 25). Foi aí que entrou o Espírito Santo (8:1-16). O Espírito Santo liberta da lei e mantém a vida de Cristo no poder de Sua viva presença. A mensagem de Romanos 8:2 é a chave para esta vida bendita.

3. Assim como a vida de Adão é reproduzida em toda a família humana, também a *nova vida* do Deus-homem flui para todo o Seu povo. Nossa vida é a reprodução da vida espiritual de Cristo. O novo nascimento une-nos com o segundo homem, Jesus Cristo.

4. Você viveria essa vida? Lembre-se de nossa lição: reconheça a habitação do Espírito Santo em você. Estude-a, antes de qualquer outro interesse, para ser cheio de fé em Sua presença como o revelador de Cristo e Sua vida em você. Renda-se ao governo d'Ele, esteja pronto para esperar n'Ele e andar após Ele. A lei do Espírito, a força e poder de uma vida interior, a lei do Espírito da vida em Cristo Jesus libertou-nos da lei do pecado e da morte.

19

A Liderança do Espírito

*Pois todos os que são guiados pelo
Espírito de Deus são filhos de Deus.*

Romanos 8:14

Para muitos cristãos, a liderança do Espírito é entendida como uma forma mais suave de se falar da direção para os assuntos da vida cristã. Estes ficariam muito felizes se tivessem alguma indicação clara do Espírito para tomar decisões corretas em assuntos que se tratam de alguma opinião ou escolha, de resposta a algum problema ou sob necessidade de uma direção específica para realização de algum trabalho. Mas anseiam e pedem em vão. Quando supõem que receberam a direção, constatam que não têm a segurança, o conforto, ou o sucesso que eles esperavam ou que deveriam ter como o selo de que realmente veio do Espírito. E, então, a preciosa verdade da liderança do Espírito, ao invés de ser o fim de toda insegurança e a solução de toda dificuldade, como uma fonte de conforto e de força, torna-se motivo de desilusão e de grandes dificuldades.

O erro provém de não se aceitar a seguinte verdade, sobre a qual temos falado: de que o ensino e a liderança do Espírito são comunicados, principalmente, na vida, e não na mente. A vida é ativada e fortalecida; a vida torna-se luz. Quando a conformidade ao espírito deste mundo é crucificada e morre, quando nós, voluntariamente, negamos os desejos da carne, somos renovados no espírito da nossa mente, e, então, a mente torna-se apta para provar e conhecer a boa, agradável e perfeita vontade de Deus (Rm 12:2).

Esta conexão entre a obra santificadora prática do Espírito em nossa vida interior e o Seu liderar, destaca-se muito claramente em nosso texto: "… se, pelo Espírito, mortificardes os feitos do corpo, certamente vivereis", como lemos em Romanos 8:13. Então, a seguir vem: "Pois todos os que são guiados pelo Espírito de Deus são filhos de Deus" (Rm 8:14). Isto é, os filhos de Deus são aqueles que se permitem serem guiados pelo Espírito neste processo de mortificação dos feitos do corpo.

O Espírito Santo é o Espírito da vida de Cristo Jesus, que opera em nós no poder da vida divina. Ele é o Espírito de santidade e, somente como tal, irá guiar-nos. Por Ele, Deus opera o querer e o realizar da Sua boa vontade em e através de nós. Deus faz-nos perfeitos em toda boa obra para realizar a Sua vontade, operando em nós o que é agradável diante d'Ele. Para sermos guiados pelo Espírito, é nos exigido, em primeiro lugar, nossa rendição ao Seu trabalho de nos convencer do pecado e de limpar nossa alma e o corpo com o

O Espírito de Cristo **175**

fim de sermos Seu templo. É como o "Espírito de Habitação", enchendo, santificando e governando o coração e a vida, que Ele nos ilumina e guia.

No estudo sobre o significado da liderança do Espírito, é de suma importância agarrar-nos ao seguinte pensamento com todas as suas implicações: somente uma mente espiritual pode discernir as realidades espirituais e receber as diretrizes do Espírito. A mente precisa, primeiro, tornar-se espiritual para, depois, tornar-se capaz de receber orientação espiritual. Paulo disse aos coríntios que, embora eles tivessem nascido de novo, ainda eram carnais, bebês em Cristo, e, por isso, não podia ensinar-lhes verdades espirituais. Se isto é verdadeiro sobre um ensino que vem através de homens, quanto mais verdadeiro em relação ao ensino direto do Espírito, pelo qual deseja guiar-nos a toda a verdade.

Os mistérios mais profundos das Escrituras, uma vez compreendidos pela inteligência humana, podem ser estudados, aceitos e até mesmo ensinados pela mente não santificada. Mas a liderança do Espírito não começa na região do pensamento ou do sentimento. Sua origem é mais profunda: na vida escondida do espírito do homem, de onde provem o poder que molda a vontade e forma nosso caráter, lá o Espírito faz a Sua habitação, e de lá Ele sussurra, persuade e estimula.

Ele nos guia, quando nos inspira com uma vida e com uma disposição em obedecer, do mesmo lugar em que produz as intenções e decisões corretas. "... que transbordeis de pleno conhecimento da sua vontade, em toda a sabedoria e entendimento espiritual" (Cl 1:9). Esta oração ensina-nos que é apenas para um entendimento espiritual que o conhecimento da vontade de Deus pode ser dado. E o entendimento espiritual vem com o crescimento do homem espiritual e a fidelidade à vida espiritual. Aquele que deseja ser liderado pelo Espírito deve esvaziar-se para que sua vida possa ser cheia d'Ele. Apenas quando Cristo foi batizado com o Espírito nos é dito: "Jesus, cheio do Espírito Santo... foi guiado pelo mesmo Espírito, no deserto..." (Lc 4:1), "então, Jesus, no poder do Espírito, regressou para a Galileia..." (Lc 4:14), e começou Seu ministério em Nazaré com as palavras: "O Espírito do Senhor está sobre mim..." (Lc 4:18).

Não é difícil entender que para desfrutar da liderança do Espírito é preciso uma mente disciplinável de servo. O Espírito não é impedido apenas pela carne como sendo o poder que comete pecado, mas ainda mais pela carne como o poder que busca servir a Deus. A fim de estarmos aptos para discernir o ensino do Espírito, as Escrituras dizem-nos que o ouvido deve estar circuncidado, em uma circuncisão não feita por mãos, e o corpo da carne despojado na circuncisão de Cristo. A vontade e a sabedoria da carne devem ser temidas, negadas e destruídas. O ouvido deve ser fechado para tudo que a carne tem a dizer, em sua sabedoria, quer em nós ou nos outros.

Em todos os nossos pensamentos em relação a Deus ou no estudo de Sua Palavra, em todos os nossos esforços para à adoração e trabalho dedicado a Ele, deve haver uma desconfiança contínua e uma negação do ego, e uma espera paciente em Deus, pelo Espírito Santo, para nos ensinar e guiar. Uma alma que, dia a dia, momento a momento, aguarda pela direção divina, pela luz do conhecimento e do chamamento, irá seguramente recebê-la. Para que você seja conduzido pelo Espírito, desista, dia a dia, de sua própria vontade e sabedoria, dedique completamente toda sua vida e seu ser a Deus e à Sua obra. O Fogo descerá e consumirá tal consagração.

O Espírito de Cristo

A liderança do Espírito surge em resposta à fé em dois sentidos. A liderança se iniciará quando aprendermos, em santo temor, a dedicar tempo e agir sob a confiança de que o Espírito Santo está em nós fazendo Sua obra. A plena habitação do Espírito é o coroamento da obra redentora de Deus. Aqui, mais do que nunca, a fé é necessária. Fé é a faculdade da alma que reconhece o invisível, o divino; que recebe a impressão da presença divina quando Deus se aproxima; que se apropria de tudo o que Ele nos comunica e concede.

No Espírito Santo está a comunicação mais profunda da vida divina; aqui a fé não pode julgar pelo que sente ou entende, mas submete-se a Deus para permiti-lo fazer o que Ele prometeu. A fé medita e adora, ora e confia, rende toda a alma em aceitação com adoração e ações de graças à Palavra do Salvador: "Ele está em vós". Ela se regozija na certeza de que o Espírito Santo, o imenso poder de Deus, habita interiormente, como Ele deseja; a fé pode contar com isso.

Além da fé geral na habitação do Espírito, a fé também deve ser exercitada em situações reais. Quando uma questão é colocada diante do Senhor, e minha alma, em quieta expectativa aguarda sua resposta, devo, em fé, confiar que Deus não me recusará Sua orientação. Como dissemos antes, não devemos aguardar a direção diária do Espírito por meio de impulsos súbitos ou fortes impressões, não com vozes celestiais ou em intervenções notáveis. Existem almas para as quais tal tipo de direção, sem dúvida, é dada; pode acontecer, em determinadas situações, que nossos próprios pensamentos e sentimentos tornem-se veículos conscientes da Sua voz. Mas este tipo de experiência, bem como o crescimento de nossa capacidade espiritual, devemos deixar para Ele.

Os degraus mais baixos desta escada são suficientemente baixos para o mais fraco alcançar; Deus pretende que cada filho Seu seja guiado pelo Espírito a cada dia. Comece a senda do seguir a liderança do Espírito crendo, não somente que o Espírito Santo está em você, mas que Ele agora, de uma vez por todas, toma a Seu encargo o trabalho pelo qual você tem pedido e confiado n'Ele. Entregue-se a Deus em absoluta rendição. Creia, com confiança absoluta, que a aceitação da parte de Deus desta rendição significa que você está sob controle do Espírito. Através d'Ele, Jesus guia, governa e santifica você.

Mas não estamos nós em perigo de sermos conduzidos pelas imaginações de nosso próprio coração e considerarmos como liderança do Espírito o que na verdade é uma ilusão da carne? E se assim for, onde está nossa proteção contra tal erro? A resposta normalmente dada a esta última questão é: a Palavra de Deus. E, ainda, esta resposta é somente meia verdade. Muitas pessoas tem usado a Palavra de Deus para se opor ao fanatismo, às interpretações sugeridas pela razão humana ou pela Igreja, mas têm errado tanto quanto aqueles a quem se opõem. A verdadeira resposta é: a Palavra de Deus deve ser ensinada pelo Espírito de Deus. É na perfeita harmonia dos dois que encontramos nossa segurança. Vamos, por um lado, lembrar-nos que uma vez que toda Palavra de Deus foi dada pelo Espírito de Deus, então cada palavra deve ser interpretada a nós pelo mesmo Espírito.

Para que esta interpretação venha somente pelo Espírito de habitação, precisamos, enfaticamente, repetir: é somente o homem espiritual, cuja vida interior está sob o controle do Espírito, que se pode discernir o significado espiritual da Palavra. Vamos, por outro lado, nos firmar no fato de que: como toda a Palavra é dada pelo Espírito, assim a Sua grande obra é honrar aquela Palavra, e revelar

O Espírito de Cristo **179**

a plenitude da verdade divina entesourada lá. Não no Espírito sem a Palavra, ou com pouco dela; não na Palavra sem o Espírito, ou com pouco d'Ele; mas na Palavra e no Espírito, ambos habitando ricamente em nosso interior, e com obediência rendida a ambos, está nossa certeza de segurança nesta vereda da liderança espiritual.

Isso nos remete à lição que salientamos no princípio: a liderança do Espírito não pode ser separada da santificação do Espírito. Que cada um que deseja ser guiado pelo Espírito comece desistindo de si mesmo para ser guiado pela Palavra de Deus à medida que a vai conhecendo. Comece obedecendo aos mandamentos. Jesus disse que aquele que assim o fizer, saberá de Sua doutrina. Obedeça aos mandamentos, e o Pai enviará o Espírito. Abandone cada pecado. Renda-se, em tudo, à voz da consciência. Consagre-se a Deus e deixe-O fazer o que Ele quiser com você. Através do Espírito, mortifique os feitos da carne. Como um filho de Deus, coloque-se à inteira disposição do Espírito para segui-lO para onde Ele conduzir você. E o próprio Espírito, este mesmo Espírito pelo qual você abandona todo pecado e submete-se para ser guiado como filho, dará testemunho com o seu espírito – em júbilo e em poder até agora desconhecidos – de que você é, verdadeiramente, um filho de Deus, desfrutando de todos os privilégios de um filho de um Rei.

Bendito Pai! Agradeço-te pela mensagem de que todos os que são guiados pelo Espírito de Deus são filhos de Deus. Tu não irias ter Teus filhos guiados por ninguém menos que o Teu próprio Espírito Santo. Como Ele habitou em Teu Filho e O guiou, assim Ele também nos guia com uma liderança divina e abençoada.

Pai, Tu sabes que por causa de não conhecermos corretamente e não seguirmos perfeitamente esta santa liderança, nós frequentemente somos incapazes de conhecer a Tua voz, de modo que o pensamento da liderança do Espírito é mais um fardo do que uma alegria. Pai, perdoa-nos. Agrada-Te graciosamente então de vivificar nossa fé na simplicidade e certeza da liderança do Espírito, de modo que, com todo nosso coração, possamos nos render de hoje em diante para andarmos nisto.

Pai, entrego-me a Ti como Teu Filho, para em tudo ser dirigido pelo Teu Espírito. Minha própria sabedoria, vontade e jeito de ser, rendo-os a Ti. Quero aguardar diariamente, em profunda dependência, a direção do alto. Que meu espírito possa sempre estar em silêncio perante a Tua Santa Presença, enquanto aguardo a Sua direção interior. Ao fazer morrer os feitos do corpo, através do Teu Espírito, que eu possa ser transformado pela renovação da minha mente para conhecer Tua boa e perfeita vontade. Que todo o meu ser possa estar debaixo do governo do Espírito de Habitação, do Espírito Santificador, de modo que o entendimento espiritual da Tua vontade seja, de fato, a regra da minha vida. Amém.

Resumo

1. Note, cuidadosamente, a ordem dos três versos: Romanos 8:13-15. Mortificar os feitos do corpo através do Espírito de habitação precede a liderança do Espírito. E estes dois preparam o caminho para o testemunho permanente de nossa filiação.

2. Um dos mais profundos ensinos da Palavra em relação à santificação é a nossa mortificação dos feitos da carne. A *tentação* para pecar permanecerá até o fim de nossa jornada. Mas os feitos do corpo, cada pecado como ele se apresenta, podem ser negados. É a presença e vida de Cristo, através do Espírito Santo, que torna isto possível. O crente que se rende a Ele pode fazer isto pelo Espírito. O pecado pode ser mortificado. Para fazer isso, devemos ser cheios do Espírito de vida em Cristo Jesus.

3. O mortificar do pecado tem uma tripla referência. Quando um crente cai em pecado, mas se arrepende, o Espírito, pela aplicação do sangue, cancela-o. Quando alguém teme a tendência maligna que pode retornar e traí-lo, o Espírito Santo pode guardá-lo do pecado pelo poder da morte de Cristo. Mas lembremo-nos: é pelo revelar de Jesus, no poder de Sua morte e vida, e pelo encher da alma com Ele, que os feitos do corpo podem ser mortificados pelo Espírito. O Espírito nos capacita a fazer o que é necessário.

4. A liderança do Espírito por um período não se constitui em garantia que sempre será assim. Os ganhos de um ano podem ser perdidos em uma hora. Se nós agimos independentemente do Espírito nas pequenas coisas, procuraremos por Ele em vão nas grandes.

20

O Espírito de Oração

*E aquele que examina os corações sabe qual é a intenção
do Espírito; e é ele que segundo Deus intercede pelos santos.
E sabemos que todas as coisas contribuem juntamente
para o bem daqueles que amam a Deus, daqueles que
são chamados segundo o seu propósito.*

Romanos 8:26-27

Dos ofícios do Espírito Santo, aquele que nos leva mais profundamente ao entendimento do Seu lugar na economia da graça divina e do mistério da Santa Trindade é a obra que Ele faz como o Espírito de oração. Temos o Pai *para* quem oramos e que ouve nossa oração. Temos o Filho *através* de quem oramos e através de quem recebemos a resposta e dela nos apropriamos por causa de nossa união com Ele. E temos o Espírito Santo *por* meio de quem oramos, que ora em nós, de acordo com a vontade de Deus, com sons tão profundos, inexprimíveis, que somente Deus, que examina nosso coração, pode conhecer a mente do Espírito. A obra do Filho de legitimar e responder nossas orações, bem como a obra do Espírito de orar através de nós, é tão maravilhosa e real quanto é a obra administrativa de Deus, no trono, que ouve nossas orações. A intercessão interior, pelo Espírito, é tão divina quanto a intercessão do alto, pelo Filho. Vejamos por que razão é assim, e o que isso nos ensina.

Na criação do mundo, vemos como é obra do Espírito ao colocar-Se em contato com a matéria sem forma, caótica e sem vida e, por Sua energia vivificadora, concedê-la o poder da vida e da fertilidade. Foi somente depois de ser vitalizada por Ele, que a Palavra de Deus deu forma e originou as várias formas de vida e beleza que agora desfrutamos. Do mesmo modo, na criação do homem, foi o Espírito, soprado no corpo que havia sido formado do pó da terra, que se uniu àquilo que, doutra feita, seria apenas matéria sem vida. Até mesmo na pessoa de Jesus, Seu corpo foi preparado através da obra do Espírito. Também, através do Espírito, Seu corpo recebeu vida do túmulo e, através do Espírito, é que nossos corpos são feitos templos de Deus – os próprios membros de nosso corpo, membros de Cristo. Pensamos no Espírito em ligação com a natureza espiritual do ser divino, distante da limitação e fragilidade da substância física. Mas é a obra do Espírito unir-Se, especificamente, com o que é material e elevá-lo à Sua própria natureza espiritual, e assim criar a mais elevada forma de perfeição – um corpo espiritual.

Esta visão da obra do Espírito é essencial para o entendimento do lugar que Ele tem na obra divina da redenção. Em cada parte

O Espírito de Cristo

dessa obra há um ofício especial designado para cada uma das três pessoas da Trindade. O Pai é o Deus invisível, o Autor de tudo. O Filho de Deus é a forma de Deus revelada, manifesta e trazida para perto de nós. O Espírito de Deus é o poder de Deus habitando em Seu povo e operando nele o que o Pai e o Filho desejam. Não só individualmente, mas na Igreja como um todo, o que o Pai propôs e o Filho executou, pode ser apropriado e aplicado no corpo de Cristo somente através da intervenção contínua e da operação ativa do Espírito Santo.

Isso é especialmente verdadeiro a respeito da oração intercessória. A vinda do reino de Deus, o crescimento na graça, no conhecimento e na santidade dos crentes, seu crescente envolvimento na obra de Deus, a obra efetiva do poder de Deus nos incrédulos através dos meios da graça – tudo isso está reservado para nós, proveniente de Deus, por meio de Cristo. Mas essas coisas não podem ser alcançadas a menos que sejam desejadas e buscadas, ansiadas, cridas e esperadas. Esta é a maravilhosa posição que o Espírito Santo ocupa – para Ele foi designada a tarefa de preparar o corpo de Cristo para alcançar, receber e guardar tudo aquilo que foi providenciado na plenitude de Cristo, nosso Cabeça. Para que sejam comunicados o amor e a bênção do Pai, tanto o Filho quanto o Espírito têm de trabalhar. O Filho recebe do Pai, revela e nos aproxima; o Espírito interior desperta a alma para encontrar-se com seu Senhor. Tão indispensável quanto a obra incessante de Cristo, pedindo e recebendo do Pai, é a incessante intercessão do Espírito.

A luz que é lançada sobre este santo mistério pelas palavras do texto que citamos é impressionante. Na vida de fé e oração, há operações do Espírito nas quais a Palavra de Deus torna-se clara ao nosso entendimento, e nossa fé sabe como expressar aquilo que necessita e pede. Mas há também operações do Espírito, mais profundas que os pensamentos ou sentimentos, em que Ele produz desejos e anseios no nosso espírito, nas fontes secretas da vida, que só Deus pode descobrir e entender. Em nosso espírito encontra-se a sede por Deus, pelo Deus vivo. Há o desejo de "conhecer o amor de Cristo, que excede todo o entendimento" e de ser "cheios de toda a plenitude de Deus"; há esperança n'Aquele "que é poderoso para fazer infinitamente mais do que tudo quanto pedimos ou pensamos" (Ef 3:20), mesmo o que "nem jamais penetrou em coração humano" (1 Co 2:9). Quando essas aspirações nos dominam, ansiamos orar pelo que não pode ser expresso em palavras, e nosso único consolo é que o Espírito intercede em nós com gemidos inexprimíveis numa língua que só Ele conhece e entende.

Aos coríntios, Paulo diz: "Orarei com o espírito, mas também orarei com a mente" (1 Co 14:15). Sob a influência do mover do Espírito Santo e de Seus miraculosos dons, há o perigo de se negligenciar o entendimento. No entanto, o perigo nesses últimos dias tem sido o oposto: os cristãos tem enfatizado orar só com o entendimento. Devemos ser lembrados que, junto da oração com entendimento, deve haver oração no Espírito (Jd 1:20, Ef 6:18). Devemos dar o devido lugar a cada uma das operações do Espírito. A Palavra de Deus deve habitar ricamente em nós, nossa fé deve retê-la de modo claro e inteligente, e devemos pleiteá-la em oração.

A permanência das Palavras de Cristo em nós, preenchendo nossa vida e conduta, é um dos segredos da oração eficaz. E ainda devemos nos lembrar que é no santuário mais íntimo do nosso ser, na área do inexprimível e inconcebível, onde o Espírito intercede

O Espírito de Cristo

por nós aquilo que não sabemos e não conseguimos expressar (1 Co 2:6-11). À medida que crescemos na compreensão da divindade do Espírito Santo, e da realidade de Sua habitação, reconheceremos quão infinitamente além do alcance de nossas mentes está o desejo divino com que Ele nos puxa para cima em direção aos céus. Devemos sentir a necessidade de cultivar a atividade da fé que procura reter e obedecer a Palavra de Deus e daí aprender a orar. À medida que oramos, passamos a perceber o quanto Deus e o mundo espiritual, em que entramos pela oração, estão infinitamente além de nossa compreensão.

Creiamos e exultemos porque, onde fracassam o coração e a carne humanos, Deus é a nossa força; Seu Santo Espírito, no santuário interior de nosso espírito, faz Sua obra incessante de intercessão e ora em nós de acordo com a vontade de Deus. À medida que oramos, adoremos em santa quietude, e rendamo-nos ao bendito Paráclito, que é o único e verdadeiro Espírito de súplica.

Não sabemos orar como convém, mas é Ele que, segundo Deus, intercede pelos santos (Rm 8:26-27). É especificamente na oração intercessória que podemos contar com a profunda, inexprimível e eficaz intercessão do Espírito.

Que privilégio ser o templo do qual o Espírito Santo clama ao Pai seu incessante "Aba" e oferece suas orações demasiadamente profundas para serem colocadas em palavras! Que pensamento maravilhoso é esse que o Verbo eterno se fez carne, Jesus de Nazaré, e orou ao Pai como homem; e depois saber que o Espírito eterno habita em nós — ainda que sejamos carne pecaminosa— e fala ao Pai através de nós assim como o fez através do Filho!

Quem não se renderia a este bendito Espírito para se tornar apto a fim de participar da poderosa obra de intercessão através da qual o reino de Deus pode se manifestar? O caminho está aberto e convida a todos. Permita que o Espírito Santo tenha pleno controle sobre sua vida. Creia na possibilidade de Ele tornar a sua personalidade e consciência o lugar de Sua habitação. Creia na certeza de Sua obra e oração através de você de uma forma que nenhuma mente humana pode compreender. Creia que é na secreta, silenciosa e perseverança dessa obra, Seu imenso poder está aperfeiçoando o divino propósito do seu bendito Senhor. Viva como alguém em quem aquilo que ultrapassa o entendimento tornou-se verdade e vida, em quem a intercessão do Espírito é parte da vida diária.

O Espírito de Cristo

Deus santíssimo, mais uma vez prostro-me em adoração em Tua presença para agradecer-Te pelo precioso privilégio da oração. Eu Te agradeço pela graça que nos deu Teu Filho, nosso intercessor do alto, e Teu Espírito, nosso intercessor interior.

Tu sabes, ó Pai, que mal posso acreditar no fato de que o Teu Santo Espírito habita em mim e intercede através das minhas frágeis orações. Revela-me tudo o que impede que Ele tenha pleno domínio de mim e me preencha com a consciência da Tua presença. Permita que meu ser interior e minha vida exterior estejam de tal modo debaixo da Tua liderança que eu possa ter o entendimento espiritual que sabe como pedir de acordo com a Tua vontade, bem como a fé viva que recebe aquilo que pede. Quando eu não souber o quê ou como orar, ó Pai, ensina-me a simplesmente prostrar-me em adoração silenciosa e ficar esperando em Ti, na certeza de que o Espírito executa a oração sem palavras que somente Tu entendes.

Como templo do Teu Santo Espírito, rendo-me para ser usado em Tua obra de intercessão. Que todo o meu coração possa ser cheio do anseio pela honra de Cristo e de Teu amor pelos perdidos. O clamor do meu coração é pela vinda do Teu reino. Amém.

Resumo

1. Lendo sobre o lugar do Espírito Santo na oração intercessória, podemos entender melhor as orações do nosso Senhor em Sua última noite na Terra nas suas repetições: "... não seja como eu quero, e sim como tu queres" e "faça-se a tua vontade" (Mt 26:39b, 42b). Ele deseja que tenhamos o Espírito Santo orando em nós e através de nós, guiando nossos desejos e fortalecendo nossa fé. Ele espera que rendamos todo o nosso ser à habitação do Espírito para que Ele ore livremente através de nós de acordo com a vontade de Deus.

2. "... não sabemos orar como convém..." (Rm 8:26). Quão frequentemente isso tem sido um peso, um sofrimento! Que isso, de agora em diante, seja um conforto. Já que não sabemos, devemos nos colocar de lado e dar lugar Àquele que sabe. Podemos crer que em nossa gagueira, nos nossos suspiros, o Intercessor está gemendo por nós. Não temamos crer que em nossa ignorância e fraqueza, o Espírito Santo está fazendo a Sua obra.

3. A grande necessidade da oração é a fé. O Espírito é quem no-la dá, mais profunda que os pensamentos. Tenha bom ânimo, a nossa fé é mantida pelo Espírito.

4. Aqui, como em qualquer lugar, tudo leva a um ponto: a habitação do Espírito Santo deve ser nosso objetivo. Na fé que retém a promessa, na prontidão que espera e segue Sua liderança, na completa rendição do ego à morte, para que somente Ele reine e governe. Rendamo-nos, então, ao nosso Deus para sermos cheios do Seu Espírito.

O Espírito Santo e a Consciência

*Digo a verdade em Cristo, não minto,
testemunhando comigo, no Espírito Santo,
a minha própria consciência.*

Romanos 9:1

*O próprio Espírito testifica com o
nosso espírito que somos filhos de Deus.*

Romanos 8:16

A maior glória de Deus é a Sua santidade, em virtude da qual odeia e destrói o mal, ama e opera o bem. Na humanidade, a consciência tem a mesma função: condenar o pecado e aprovar o que é certo e bom. Após a queda no pecado, a consciência foi o que sobrou da imagem de Deus no homem, como aquilo que mais se aproxima de Seu caráter, como a guardiã da honra d'Ele. A obra redentora de Deus começa na consciência. O Espírito de Deus é o Espírito de santidade; a consciência é uma fagulha da santidade divina. A harmonia entre a obra do Espírito Santo, em renovar e santificar o homem, e a obra da consciência é íntima e essencial.

O crente que deseja ser cheio com o Espírito Santo e experimentar fartamente as bênçãos que Ele dá deve primeiro conceder à sua consciência o lugar de honra que lhe é devido. A fidelidade à consciência é o primeiro passo na senda da restauração à santidade de Deus. Uma boa consciência é o princípio fundamental e característico da verdadeira espiritualidade. A consciência e o Espírito são unidos quando aquela constata que o Pai nos respondeu, enquanto este testifica que Deus aceitou nossa fé e obediência.

A consciência pode ser comparada à janela de um quarto pela qual irradia a luz do céu e, bem como, pela qual podemos ver o céu. O coração é o aposento que expressa nossa vida, ego e alma com suas capacidades e afeições. Nas paredes desse aposento, está escrita a lei de Deus. Mesmo nos povos pagãos, ela é ainda parcialmente legível, embora tristemente obscurecida e descaracterizada. No crente, a lei está escrita, pelo Espírito Santo, em letras de luz, as quais são frequentemente turvas no princípio, mas tornam-se mais claras e evidentes à medida que são expostas à luz que vem de Deus. A cada pecado que cometo, a luz que brilha interiormente evidencia-o e condena-o. Se o pecado não é confessado e abandonado, a mancha permanece e a consciência torna-se corrompida porque a mente rejeitou o ensino da luz (Tt 1:15). E assim, com pecado sobre pecado, a janela fica mais e mais opaca, até que a luz mal consegue brilhar

O Espírito de Cristo

193

através dela, ao ponto de um cristão poder passar a pecar sem perturbação, pois sua consciência tornou-se praticamente cega e insensível.

Em Seu trabalho de renovação, o Espírito Santo não cria novas faculdades; Ele renova e santifica aquelas que já existem. A consciência é uma obra do Espírito de Deus na função de Criador. Como Espírito de Deus, na função de Redentor, Seu primeiro cuidado é restaurar o que o pecado corrompeu. É somente restaurando a consciência à sua função plena e saudável, e nela revelando a graça maravilhosa de Cristo, com "o Espírito testificando com o nosso espírito", que Ele habilita o crente a viver uma vida na plena luz do favor de Deus. É quando a janela do coração, que tem vista para o céu, é limpa, e assim permanece, é que podemos andar na luz.

A obra do Espírito na consciência é tripla. Por meio da consciência, o Espírito faz com que *a luz da lei santa de Deus brilhe* dentro do coração. Um quarto pode ter as cortinas puxadas, ou mesmo as venezianas fechadas, mas isso não impede que a luz de um relâmpago, de tempo em tempo, brilhe através delas. É possível que uma consciência esteja tão corrompida e cauterizada a ponto de a pessoa continuar vivendo como se tudo estivesse "normal". Quando o relâmpago do Sinai brilha no coração, a consciência desperta e fica pronta para admitir e sofrer a condenação. Tanto a lei quanto o evangelho, com o seu chamado ao arrependimento e a sua convicção de pecado, apelam para a consciência. É apenas quando a consciência concorda com a acusação da transgressão e da incredulidade, que o livramento pode verdadeiramente vir.

É através da consciência que o Espírito, do mesmo modo, faz com que *a luz da misericórdia* brilhe. Quando as janelas de uma casa estão manchadas, ainda podem ser lavadas. "... muito mais o sangue de Cristo, que, pelo Espírito eterno, a si mesmo se ofereceu sem mácula a Deus, purificará a nossa consciência de obras mortas para servirmos ao Deus vivo!" (Hb 9:14; 10:2, 22). O alvo do sangue de Cristo é alcançar a consciência, para silenciar suas acusações, e limpá-la até que possa testificar: cada mácula está removida; o amor do Pai faz com que Cristo, em brilho evidente, irradie em minha alma. Este é o privilégio de cada crente. Isso é o que se verifica quando a consciência diz: "amém" à mensagem de Deus a respeito do poder do sangue de Jesus.

A consciência que foi purificada no sangue deve ser mantida limpa através de um andar em obediência e fé, com *a luz do cuidado de Deus* brilhando sobre ela. Diante da promessa de que o Espírito de habitação, o Espírito de Cristo, se responsabilizaria em guiar-nos em toda a vontade de Deus, é a consciência que constata e testifica que Ele tem realizado esta obra. O crente é chamado a andar em humildade e vigilância, a fim de que em nada sua consciência o acuse de não ter feito o que ele sabia ser certo ou ter feito o que não provém de fé. Ele deve estar contente com nada menos do que o testemunho da boa consciência, conforme ressaltou Paulo: "Porque a nossa glória é esta: o testemunho da nossa consciência, de que, com santidade e sinceridade de Deus, não com sabedoria humana, mas, na graça divina, temos vivido no mundo..." (2 Co 1:12. Cf. Atos 23:1; 24:16; 2 Timóteo 1:3). Note bem estas palavras: "nossa glória é esta: o testemunho da nossa consciência". É quando a janela é mantida limpa e brilhante por nossa habitação na luz que nós podemos ter comunhão com o Pai e com o Filho. O amor do céu resplandece fulgurante em nosso interior, e nosso amor responde em confiança infantil. "Amados, se o coração não nos acusar, temos confiança diante de Deus... porque guardamos os seus mandamentos e fazemos diante dele o que lhe é agradável" (1 Jo 3:21-22).

O Espírito de Cristo

195

A manutenção de uma boa consciência em relação a Deus é essencial para a vida da fé. O crente não deve se contentar com nada menos que isso. Ele deve estar convicto de que isso está ao seu alcance. Os crentes do Antigo Testamento tiveram, pela fé, o testemunho de terem agradado a Deus (Hb 11:4-6, 39). No Novo Testamento, ela se coloca diante de nós não somente como um mandamento a ser obedecido, mas também como uma graça concedida pelo próprio Deus. "... a fim de viverdes de modo digno do Senhor, para o seu inteiro agrado, frutificando em toda a boa obra e crescendo no conhecimento de Deus; sendo fortalecidos com todo o poder, segundo a força da sua glória..."; "... para que o nosso Deus vos torne dignos da sua vocação e cumpra com poder todo propósito de bondade e obra de fé..."; "... operando em vós o que é agradável diante dele" (Cl 1:10-11; 2 Ts 1:11; Hb 13:21).

Quanto mais buscamos esse testemunho da consciência – de que estamos fazendo o que é agradável a Deus –, mais sentiremos o livramento daquelas falhas que nos privam de olharmos imediatamente para o sangue de Cristo. O sangue, que limpa a consciência, age no poder da vida eterna, constante, imutável e que salva completamente. "Se, porém, andarmos na luz, como ele está na luz, mantemos comunhão uns com os outros, e o sangue de Jesus, seu Filho, nos purifica de todo pecado" (1 Jo 1:7).

A causa da fraqueza da nossa fé é a falta de uma consciência limpa. Perceba como Paulo conecta as duas coisas em 1 Timóteo: "... ao amor que procede de coração puro, e de consciência boa, e de fé sem hipocrisia" (1:5); "... mantendo fé e boa consciência, porquanto alguns, tendo rejeitado a boa consciência, vieram a naufragar na fé" (1:19). E especialmente 3: 9: "... conservando o mistério da fé com a consciência limpa". A consciência é o fundamento da fé. Aquele que deseja se fortalecer na fé, e ter confiança para com

Deus, deve saber se O está agradando (1 Jo 3:21-22). Jesus disse claramente que é para os que O amam e guardam Seus mandamentos que a promessa do Espírito é dirigida.

Como podemos reivindicar, confiadamente, essa promessa, a não ser que, em simplicidade infantil, nossa consciência possa testificar que preenchemos as condições? Até que a Igreja possa subir à altura de seu santo chamado como intercessora, e reivindicar essas promessas ilimitadas que lhe estão disponíveis, os crentes se aproximarão de seu Pai, regozijando-se, como Paulo, no testemunho de sua consciência – de que pela graça de Deus estão andando em santidade e sinceridade divina. Devemos compreender que esta conduta exige a mais profunda humildade e traz a maior glória para a graça ofertada por Deus; levando-nos a desistir das nossas pretensões de que podemos alcançar, por nós mesmos, o padrão que Ele se propõe em conceder-nos gratuitamente.

Como pode ser alcançada essa vida santa que nos habilita a invocar diariamente a Deus e aos homens como Paulo: "Digo a verdade em Cristo, não minto, testemunhando comigo, no Espírito Santo, a minha própria consciência" (Rm 9:1)? O primeiro passo é humilhar-se sob a reprovação da consciência. Não se contente com uma confissão superficial de que algo está errado. Tome cuidado com a confusão entre transgressão real e tentação para pecar. Se temos de morrer para o pecado, pelo Espírito de habitação, devemos primeiro lidar com a prática do pecado. Em silenciosa submissão e humilhação, conceda à consciência tempo para reprovar e condenar qualquer pecado. Diga para o seu Pai que você, pela Sua graça, irá obedecer — mesmo nas menores coisas. Aceite, mais uma vez, a oferta de Cristo de governar totalmente seu coração, habitar em você como Senhor

O Espírito de Cristo **197**

e dono. Confie que Ele, pelo Seu Espírito Santo, fará isso, mesmo quando você sentir-se fraco e desamparado. Lembre-se de que a obediência, o acolhimento e a observância das palavras de Cristo em sua vontade e vida, é o único caminho para provar a realidade de sua rendição a Ele e o seu interesse em Sua obra e graça. Prometa, em fé, que pela graça de Deus você irá procurar *sempre* ter uma consciência livre de ofensa a Deus e aos outros.

Quando você seguir esses passos, estará sendo fiel em manter sua consciência pura, e a luz do céu irá resplandecer de forma mais gloriosa no seu coração, revelando o pecado e enfatizando a lei escrita pelo Espírito. Esteja disposto a ser ensinado; confie que o Espírito irá ensiná-lo. Cada esforço sincero para manter limpa a consciência, que foi lavada pelo sangue, será acompanhado da ajuda do Espírito. Renda-se de todo o coração à vontade de Deus e ao poder do Seu Espírito Santo.

À medida que você se curvar à reprovação da sua consciência e entregar-se completamente para fazer a vontade de Deus, sua intrepidez se fortalecerá, tornando possível ter uma consciência livre de ofensa. O testemunho da consciência sobre o que você está fazendo e irá fazer, pela graça, será acompanhado pelo testemunho do Espírito sobre o que Cristo está fazendo e irá fazer. Em simplicidade infantil, você irá procurar começar cada dia com a simples oração: "Pai, não há nada agora entre o Senhor e este seu filho. Minha consciência, divinamente limpa no sangue, dá testemunho disso. Não permita que nem mesmo a sombra de uma nuvem interfira nesse dia. Em tudo quero fazer a Sua vontade: Seu Espírito habita em mim, me guia e me fortalece em Cristo". Você entrará naquela vida que se regozija somente na graça ilimitada, e que diz ao fim de cada dia: nosso gozo é esse: o testemunho de nossa consciência de que em santidade e divina sinceridade, pela graça de Deus, nos conduzimos neste mundo.

Deus gracioso, agradeço-Te pela voz que destes nos nossos corações para testificar se estamos ou não Te agradando. Agradeço-Te porque quando esta testemunha me condena, em acordo com a condenação da Tua lei, Tu destes o sangue de Teu Filho para purificação. Agradeço-Te porque neste momento minha consciência pode dizer amém à voz do sangue e posso olhar para Ti em plena segurança e com um coração limpo da má consciência.

Agradeço-Te pela testemunha celestial daquilo que Jesus fez e está fazendo por mim e em mim. Agradeço-Te porque Ele glorifica a Cristo em mim, dá-me a Tua presença e o Teu poder, e transforma-me à Tua semelhança. Agradeço-Te porque a presença e a obra do Teu Espírito em meu coração e minha consciência podem também dizer amém.

Desejo hoje andar perante Ti com uma consciência limpa, não fazer nada que possa ofender-Te ou ao Senhor Jesus. Peço-Te que, no poder do Espírito Santo, a purificação no sangue possa ser um livramento vivo, contínuo e efetivo do poder do pecado, vinculando-me e fortalecendo-me para o Teu perfeito serviço. Que todo o meu caminhar contigo seja no gozo da união do testemunho da consciência e do Teu Espírito de que estou sendo agradável a Ti. Amém.

Resumo

1. Numa casa bem-organizada as janelas são mantidas limpas, especialmente onde o proprietário gosta de descansar e contemplar uma bela vista. Cuide para que todos os dias as janelas da sua alma sejam mantidas limpas; para que nem uma sombra de nuvem obstrua a luz do alto. O pecado involuntário é limpo pela fé que pede por isto. Permita que cada falha seja imediatamente confessada e limpa. Não se contente com nada menos do que andar na luz de Sua aprovação todos os dias.

2. Quando somos fiéis acerca de algumas coisas, Deus confia-nos mais responsabilidades. Fidelidade à consciência, como a luz menor, é o único caminho para o desfrute do Espírito como a luz maior. Se somos infiéis à testemunha que temos, como Deus poderia nos confiar a verdadeira testemunha? Não nos cansamos de repetir: uma consciência sensível é o único caminho para a verdadeira espiritualidade.

3. Não é a pregação da consciência e para a consciência, junto com a pregação do sangue, que é tão necessária na Igreja? Alguns pregam a consciência e falam pouco do sangue. Alguns pregam o sangue e falam pouco da consciência. Esta é uma das maravilhosas palavras de Deus: "... muito mais o sangue de Cristo... purificará a nossa consciência de obras mortas, para servirmos ao Deus vivo!" (Hb 9:14). Consciência é o poder que suplica por responsabilidade e por fazer o que é certo. E o objeto e efeito do sangue, quando pregado e crido conforme Deus deseja, é restaurar a consciência ao seu pleno poder. O poder da santidade reside na cuidadosa manutenção da consciência e da maravilhosa harmonia da consciência com o sangue de Cristo.

22

A Revelação do Espírito

*A minha palavra e a minha pregação não consistiram
em linguagem persuasiva de sabedoria, mas em
demonstração do Espírito e de poder, para que a
vossa fé não se apoiasse em sabedoria humana,
e sim no poder de Deus. Entretanto, expomos sabedoria
entre os experientes; não, porém, a sabedoria deste século,
nem a dos poderosos desta época, que se reduzem a nada;
mas falamos a sabedoria de Deus em mistério, outrora
oculta, a qual Deus preordenou desde a eternidade
para a nossa glória; sabedoria essa que nenhum dos
poderosos deste século conheceu; porque, se a tivessem
conhecido, jamais teriam crucificado o Senhor da glória...*

*Mas Deus no-lo revelou pelo Espírito; porque o Espírito
a todas as coisas perscruta, até mesmo as profundezas de Deus.*

Ora, nós não temos recebido o espírito do mundo,
e sim o Espírito que vem de Deus, para que conheçamos
o que por Deus nos foi dado gratuitamente. Disto também
falamos, não em palavras ensinadas pela sabedoria
humana, mas ensinadas pelo Espírito, conferindo coisas
espirituais com espirituais. Ora, o homem natural não
aceita as coisas do Espírito de Deus, porque lhe são
loucura; e não pode entendê-las, porque elas se
discernem espiritualmente. Porém o homem espiritual
julga todas as coisas, mas ele mesmo não é julgado por ninguém.

1 Coríntios 2:4-8, 10, 12-15

Nesta passagem, Paulo contrasta o espírito do mundo com o Espírito de Deus. O ponto em que o contraste é particularmente visto, encontra-se na sabedoria ou conhecimento da verdade. Foi no desejo do conhecimento que o homem caiu. Foi no orgulho do conhecimento que o paganismo teve sua origem: "Inculcando-se por sábios, tornaram-se loucos..." (Rm 1:22). Foi na sabedoria, filosofia e na busca da verdade que os gregos procuraram glória. No conhecimento da vontade de Deus, o judeu tinha seu orgulho: "... tendo na lei a forma da sabedoria e da verdade" (Rm 2:20).

Ainda assim, quando Cristo, a sabedoria de Deus, apareceu na Terra, tanto os judeus quanto os gregos O rejeitaram. A sabedoria do homem, estando ou não na posse de uma revelação, é totalmente insuficiente para compreender Deus e Sua sabedoria. Assim como seu coração está alienado de Deus, de modo que não ama e não faz a vontade d'Ele, também sua mente está obscurecida de modo a incapacitá-lo para o correto conhecimento de Deus. Mesmo em Cristo, quando a luz do amor divino brilhou sobre os homens, eles não reconheceram este amor e não viram nenhuma beleza nele.

Na Epístola aos Romanos Paulo tratou da confiança do homem em sua própria justiça e sua insuficiência. Na Primeira Epístola aos Coríntios, especialmente nos três primeiros capítulos, ele expõe a insuficiência da sabedoria humana. Não apenas quando a questão era descobrir a verdade e a vontade de Deus, no caso dos gregos, mas também quando Deus já as tinha revelado, no caso dos judeus, o homem foi incapaz de vê-la sem a iluminação divina – a luz do Espírito Santo.

Os governantes deste mundo, judeus e gentios, crucificaram o Senhor da glória porque não tinham a sabedoria de Deus. Ao escrever aos crentes de Corinto, e adverti-los contra a sabedoria do mundo, Paulo não está tratando de nenhuma heresia judaica ou pagã. Ele está falando a crentes que já tinham aceitado plenamente seu evangelho, de um Cristo crucificado, mas que estavam sendo seduzidos em pregar ou procurar entender a verdade pelo poder da sabedoria humana. Ele os lembra de que a verdade de Deus, como um mistério espiritual oculto, somente pode ser compreendida por revelação espiritual. A rejeição de Cristo pelos judeus foi a prova da total incapacidade da sabedoria humana de se apropriar de uma revelação divina sem a iluminação interior e espiritual do Espírito Santo.

Os judeus orgulhavam-se de sua dedicação à Palavra de Deus, de seu estudo e de sua conformidade com ela em sua vida e conduta. Mas foi provado que, mesmo sem terem consciência, eles a compreenderam de modo totalmente equivocado e rejeitaram o próprio Messias por quem estavam esperando. A revelação divina, como Paulo expõe neste capítulo, significa três coisas: 1) Deus tem que descortinar, em Sua Palavra, o que Ele pensa e faz; 2) cada pregador, que irá comunicar a mensagem, deve conhecer a verdade e ser continuamente ensinado pelo Espírito quanto ao modo como proclamá-la; 3) cada ouvinte carece de iluminação interior: é somente quando se é um homem espiritual, com sua vida sob a liderança do Espírito Santo, que sua mente pode captar a verdade espiritual. Quando temos a mente e a disposição de Cristo, podemos discernir a verdade que está em Cristo Jesus.

Este ensino é o que a Igreja em nossos dias, e que cada cristão em particular, necessita. Com a Reforma, a insuficiência da justiça do homem e de seu poder para cumprir a lei de Deus obteve o reconhecimento universal nas igrejas e, pelo menos teoricamente, é aceita entre todos os cristãos em todo mundo. Contudo, a insuficiência da sabedoria do homem, de nenhuma maneira, tem obtido um reconhecimento tão evidente. Enquanto a necessidade do ensino do Espírito Santo é, em geral, acolhida prontamente, verificamos que nem no ensino da igreja e nem na vida dos crentes, esta bendita verdade tem supremacia prática e abrangente que deveria. Sem isso, a sabedoria e espírito deste mundo continuarão influenciando os cristãos.

A prova do que temos dito é encontrada no que Paulo diz de sua própria pregação: "A minha palavra e a minha pregação não consistiram em linguagem persuasiva de sabedoria, mas em demonstração do Espírito e de poder" (1 Co 2:4). Ele não está escrevendo sobre dois evangelhos, como fez aos gálatas, mas sim de duas maneiras de pregar o único evangelho da cruz de Cristo. Ele diz que pregá-lo em palavras persuasivas de sabedoria humana produz uma fé que trará a marca de sua origem: na sabedoria do homem. Enquanto ela for alimentada por homens e por estratégias humanas, pode até permanecer e florescer; mas não poderá permanecer por si mesma ou no dia do julgamento.

O Espírito de Cristo

205

Um homem pode tornar-se um crente com tal pregação, mas será um crente fraco. A fé, por outro lado, recebida como resultado da pregação no Espírito e em poder, estará alicerçada no poder de Deus. O crente é conduzido através da pregação, pelo próprio Espírito Santo, para além das capacidades humanas, a um contato direto com o Deus vivo; a sua fé estará fundamentada no poder de Deus.

A maioria dos membros da Igreja, embora haja um abundante suprimento da graça, está em estado fraco, doentio e com muito pouco da fé que se origina do poder de Deus. Devemos, então, suspeitar que isto ocorre porque muito da nossa pregação inspira-se mais na sabedoria humana do que na demonstração do poder do Espírito. Se alguma mudança tem que ocorrer, tanto no espírito no qual nossos pregadores e mestres ministram quanto no ouvir e receber das nossas congregações, que comece na vida pessoal de cada crente.

Devemos aprender questionar nossa própria sabedoria: "Confia no Senhor de todo o teu coração e não te estribes no teu próprio entendimento" (Pv 3:5). Paulo diz aos crentes: "... se alguém dentre vós se tem por sábio neste século, faça-se estulto para se tornar sábio" (1 Co 3:18). Quando as Escrituras dizem-nos que aqueles que são de Cristo crucificaram sua carne, isto inclui a sabedoria da carne, a mente carnal da qual falam as Escrituras. Assim, como na crucificação do ego, devo entregar minha própria sabedoria, bondade, força e vontade à morte, porque não há nada de bom nelas; e, em seguida, olhar para Cristo para que, pelo poder de Sua vida, seja-me concedida a sabedoria, a bondade, a força e a vontade que são agradáveis a Deus.

A mente humana é uma das suas faculdades mais nobres e mais semelhantes a Deus. Mas o pecado prevalece sobre ela e nela. Um homem pode ser verdadeiramente convertido e, ainda assim, não perceber que está tentando compreender e cumprir a verdade de Deus com sua própria mente natural. A razão pela qual há tanta leitura e ensino bíblico que não têm poder para edificar e santificar a vida é simplesmente esta: não é a verdade que tem sido revelada e recebida através do Espírito Santo.

Isto também acontece com a verdade que nos foi ensinada pelo Espírito Santo, mas que, uma vez que foi alojada no entendimento, agora é apenas retida na memória. O maná rapidamente perdia sua vitalidade quando estocado na terra. De modo semelhante, a verdade recebida do céu perde seu frescor divino a menos que a unção com óleo fresco esteja ali a cada dia. O crente necessita, dia a dia, hora a hora, estar ciente do perigo que não há nada no qual o poder da carne pode se impor mais sutilmente do que na atividade da mente, ou da razão, quando estas estão lidando com a Palavra de Deus.

Isto fará com que busquemos, na linguagem de Paulo, "tornar-nos tolos". Cada vez que lidamos com a Palavra de Deus, ou pensamos sobre Sua verdade, necessitamos, em fé e coração ensinável, esperar pela interpretação do Espírito. Necessitamos pedir por "ouvidos circuncidados" – dos quais o poder carnal de entendimento será removido. Assim, a seguinte palavra será cumprida: "Graças te dou, ó Pai, Senhor do céu e da terra, porque ocultaste estas coisas aos sábios e instruídos e as revelaste aos pequeninos" (Mt 11:25).

A pergunta para todos os pastores e mestres, professores e teólogos, estudantes e leitores da Bíblia é séria: você sabe que deve haver perfeita harmonia entre o conteúdo espiritual objetivo da revelação e a sua apreensão espiritual subjetiva? Que nossa apreensão da revelação, e sua transmissão, devem estar sob o poder do Espírito Santo? E, por fim, que não somente nossa comunicação da revelação, mas também sua recepção por aqueles que nos ouvem devem ser tocados pelo Espírito?

O *Espírito de Cristo*

Nossas escolas de teologia, seminários e institutos de treinamento bíblico precisam colocar em destaque um anúncio com as palavras de Paulo: "Deus nos revelou pelo Espírito Santo". Pastores devem influenciar e treinar o seu povo para ver que não é a quantidade, a clareza ou os aspectos interessantes de seu conhecimento bíblico que determinarão a bênção e o poder em seus ouvintes, mas a medida da dependência do Espírito Santo que se segue. Deus honrará aqueles que O honram. Em nenhum outro lugar estas palavras serão mais verdadeiras do que neste assunto. A crucificação do ego e sua sabedoria, seguida da aproximação a Deus em fraqueza e santo temor, como Paulo o fazia, serão acompanhadas pela demonstração do Espírito e de poder.

Não basta que a luz de Cristo brilhe sobre você na palavra; a luz do Espírito deve brilhar *em* você. Toda vez que você entra em contato com a Palavra pelo estudo, pregação ou leitura de literatura cristã, deve haver um ato de autonegação, uma escolha de negar sua própria sabedoria, rendendo-se em fé ao Mestre divino. Afirme que Ele habita dentro de você. Regozije-se em renovar sua rendição a Ele. Rejeite o espírito do mundo com sua sabedoria e autoconfiança; venha em pobreza de espírito para ser guiado pelo Espírito de Deus. "E não vos conformeis com este século, mas transformai-vos pela renovação da vossa mente, para que experimenteis qual seja a boa, agradável e perfeita vontade de Deus" (Rm 12:2). É uma vida transformada e renovada, que deseja somente conhecer a perfeita vontade de Deus, que será ensinada pelo Espírito. Renuncie sua própria sabedoria, espere pela sabedoria do Espírito, prometida por Deus. Você será cada vez mais habilitado a testificar das coisas que não penetraram nos corações dos homens, porque Deus as revelará a você pelo Seu Espírito.

Ó Deus, louvo-Te pela maravilhosa revelação de Ti mesmo em Cristo crucificado, a sabedoria e o poder de Deus. E também porque, enquanto a sabedoria e poder do homem deixam-no desamparado na presença do poder do pecado e da morte, Cristo crucificado prova que Ele é a sabedoria de Deus pela poderosa redenção que Ele opera. Agradeço-Te porque o que Ele operou e concedeu-nos como nosso Salvador é revelado a nós pela divina luz de Teu próprio Espírito Santo.

Rogamos que Tu ensines Tua Igreja que onde quer que Cristo, como o poder de Deus, não é manifestado, é porque Ele tampouco é conhecido como a Sabedoria de Deus. Ensina Tua Igreja a conduzir cada filho de Deus a um ensino e revelação pessoal do Cristo que habita interiormente.

Mostra-nos, ó Deus, que o maior impedimento é a nossa própria sabedoria, nossa pretensão de que podemos entender a Palavra e a verdade de Deus por iniciativa própria. Ensina-nos a tornarmos tolos para que possamos ser sábios. Efetue em nossa vida um contínuo ato de fé para que o Espírito Santo realize a Sua obra de ensinar, guiar e liderar a toda verdade. Pai, Tu concedeste o Teu Espírito a fim de que Ele possa revelar Jesus em nós; anelamos, então, por isto. Amém.

O Espírito de Cristo

RESUMO

1. Deus escolheu as coisas tolas do mundo para envergonhar as sábias (1 Co 1:27. Cf. 1:19-21; 3:19-20). Foi apenas em Corinto que os crentes precisavam deste ensino? Ou não há em cada homem uma sabedoria que não é de Deus, e uma prontidão em pensar que ele pode entender a Palavra sem contato direto com o Deus vivo? Esta sabedoria busca dominar até mesmo a verdade mais espiritual, formando seus próprios conceitos ou imagens, e orgulha-se disso em lugar de depender da revelação do Espírito.

2. Jesus tinha o Espírito de Sabedoria. Como Ele manifestou-se? Em Sua espera para ouvir o que o Pai falava. Um coração perfeitamente ensinável foi a marca do Filho na Terra. Esta é a marca do Espírito em nós. Quando o Espírito constata que nossa vida está em obediência a Ele, então Ele nos ensina através daquilo que Ele opera em nós.

3. É inconcebível, até que Deus nos revele, que um cristão fique se iludindo com uma aparente sabedoria em "pensamentos elevados" ou em "sentimentos fervorosos", enquanto o poder de Deus está ausente. A sabedoria do homem encontra-se em contraste com o poder de Deus. O único verdadeiro sinal da sabedoria divina é o seu poder. O reino de Deus não se constitui de meras palavras, pensamentos e conhecimento, mas de poder. Possa Deus abrir nossos olhos para vermos quanto de nosso cristianismo consiste de palavras, pensamentos e sentimentos comoventes, mas não do poder de Deus.

4. O espírito e a sabedoria deste mundo estão unidos. Infelizmente, a maioria dos cristãos é influenciada pela sabedoria deste mundo, a ponto de se privarem da direção do Espírito e de uma revelação de Cristo mais profundos e eficazes.

23

Você é Espiritual ou Carnal?

*Eu, porém, irmãos, não vos pude falar como a
espirituais, e sim como a carnais, como a crianças em Cristo.
Leite vos dei a beber, não vos dei alimento sólido; porque
ainda não podíeis suportá-lo. Nem ainda agora podeis, porque
ainda sois carnais. Porquanto, havendo entre vós ciúmes e contendas,
não é assim que sois carnais e andais segundo o homem?*

1 Coríntios 3:1-3

Se vivemos no Espírito, andemos também no Espírito.

Gálatas 5:25

Em 1 Coríntios 2:14-15, o apóstolo contrasta o crente, como homem espiritual, com o não regenerado, como homem natural (ou físico); ou o homem do Espírito com o homem da alma. Aqui ele completa aquele ensino. Ele diz aos coríntios que, embora tenham o Espírito, não podem ser qualificados como espirituais; este título pertence àqueles que não somente receberam o Espírito, mas se renderam a Ele para que governe suas vidas. Aqueles que ainda não se renderam totalmente, nos quais o poder da carne é ainda mais intenso do que o Espírito, não podem ser chamados de espirituais, mas de carnais.

Há três estados em que um homem pode ser achado. O não regenerado ainda é o homem natural, pois não tem o Espírito de Deus. O regenerado, que ainda é um bebê em Cristo – quer por recém-conversão ou por inércia espiritual – é o homem carnal, dando lugar ao poder da carne. O crente em quem o Espírito obteve total supremacia é o homem espiritual. Todo o capítulo contém rica instrução em relação à vida do Espírito dentro de nós.

O cristão jovem ainda é carnal. A regeneração constitui-se num nascimento: o centro e a raiz da personalidade, o espírito, foi renovado e passou a ser habitado pelo Espírito de Deus. Mas é necessário tempo para que o poder da nova vida se expanda para todo o ser a partir daquele centro. O reino de Deus é como uma semente; a vida em Cristo deve crescer; e seria contrário às leis da natureza, e também da graça, se esperássemos de um bebê em Cristo a força que somente pode ser encontrada em um homem adulto, ou na rica experiência dos mais velhos. Mesmo que um novo convertido tenha grande singeleza de coração, fé, verdadeiro amor e devoção ao Salvador, é necessário tempo para um conhecimento mais profundo de seu próprio ego e do pecado, para um discernimento espiritual mais consistente da realidade da vontade e da graça de Deus. Com o crente jovem é normal que as emoções sejam profundamente agitadas e que a mente se deleite na contemplação da verdade divina. Com o crescimento na graça, a vontade torna-se o ponto mais importante; a espera pelo poder do Espírito na vida e no caráter significa mais do que deleitar-se naqueles pensamentos e ideais de vida que só a mente pode oferecer. Não devemos nos admirar que o bebê em Cristo ainda seja carnal.

Muitos cristãos permanecem carnais. Deus não apenas nos chamou para crescer, mas providenciou todas as condições e recursos necessários para o crescimento. E, a despeito disto, é lamentavelmente verdade que há muitos cristãos, como os coríntios, que permanecem bebês em Cristo quando deveriam estar avançando para a perfeição, atingindo a plena maturidade. Em alguns casos a falha está mais com a igreja e seus ensinos do que com os indivíduos em si. Quando a pregação apresenta a salvação compreendendo apenas o perdão, a paz e a esperança do céu; ou quando a necessidade de uma vida santa, a verdade de Cristo como nossa santificação, como nossa suficiência para a santidade, e a habitação e o poder do Espírito Santo são negligenciados, dificilmente haverá o crescimento esperado. Ignorância e doutrinas humanas e incompletas do evangelho como o poder de Deus para uma salvação plena, são a causa do erro.

Em outros casos, a raiz do fracasso será encontrada na recusa do cristão em negar seu próprio ego e em crucificar sua carne. O chamado de Jesus para cada discípulo é para negar a si mesmo, tomar sua cruz e segui-lO. O Espírito é dado somente aos obedientes. Ele pode fazer Sua obra somente naqueles que estão absolutamente desejosos em submeterem seus egos à morte. Os pecados que provaram que os coríntios eram carnais foram os ciúmes e as contendas. Quando cristãos não estão dispostos em abandonar o pecado do egoísmo e da vontade própria; quando, nos relacionamentos familiares na igreja e na vida pública, desejam manter a liberdade de dar lugar ou brechas para sentimentos maus, de pronunciar seus próprios julgamentos e falar palavras que não provêm de amor perfeito, eles dão prova que permanecem carnais. Em todo o seu conhecimento, na sua prática das disciplinas cristãs e em seu trabalho para o reino de Deus, eles ainda podem ser carnais e não espirituais. Eles entristecem o Santo Espírito de Deus; eles não têm o testemunho de que são agradáveis a Deus.

O cristão carnal não pode se apropriar da verdade espiritual. Paulo escreve aos coríntios: "Leite vos dei a beber, não vos dei alimento sólido; porque ainda não podíeis suportá-lo. Nem ainda agora podeis...". Os coríntios se orgulhavam de sua sabedoria; Paulo agradeceu a Deus porque eles foram "enriquecidos com todo o conhecimento". Não houve nada no ensino de Paulo que eles não pudessem compreender com seu entendimento natural. Mas a entrada espiritual para a verdade em poder – tanto para possuí-la quanto para ser possuído por ela, tendo não somente os pensamentos, mas também a verdade que as palavras expressam – isto somente o Espírito Santo pode dar. Ele concede apenas àquele que tem uma mente espiritual. O ensino e a liderança do Espírito Santo são dados ao obediente, mas antes o Espírito trabalha no processo da mortificação das práticas do corpo (veja Romanos 8:13-14).

Conhecimento espiritual não significa pensamento eloquente, mas contato vivo, adentrando e sendo unido à verdade que está em Jesus, uma realidade espiritual, uma existência contínua e permanente. Dentro de uma mente espiritual, o Espírito trabalha a verdade espiritual. Não é o poder do intelecto, ou mesmo um ardente

O *Espírito de Cristo*

desejo de conhecer a verdade que prepara um homem para o ensino do Espírito. É uma vida rendida a Ele — em dependência e total obediência — para se tornar espiritual que recebe a sabedoria e entendimento espiritual. Na mente (inteligência, significado do termo nas Escrituras) estes dois elementos — o moral e o cognitivo — estão unidos; somente quando o primeiro tem precedência e influência é que o último pode compreender o que Deus tem falado.

É fácil entender como uma vida carnal, com seu procedimento, e uma mente mundana, com seu conhecimento, agem e reagem uma em relação à outra. Se estamos cedendo à carne, somos incapazes de receber discernimento espiritual da verdade. Nós podemos até "entender todos os mistérios e toda a ciência", mas sem amor — o amor que o Espírito opera na vida interior — é apenas um conhecimento que incha; que para nada aproveita.

A vida carnal torna carnal o conhecimento. E este conhecimento, à medida que é mantido numa mente carnal, fortalece a religião da carne, a autoconfiança e o esforço próprio; qualquer verdade, que for assim recebida, não terá poder para renovar e libertar. Não é de admirar que exista, então, tanto ensino e conhecimento bíblico com tão pouca santidade manifestada nas vidas. Eu oro para que a Palavra de Deus fale à Sua Igreja: "Porquanto, havendo entre vós ciúmes e contenda, não é assim que sois carnais...?". A menos que vivamos vidas espirituais — cheias de humildade, amor e autossacrifício — a verdade espiritual, a verdade de Deus, não pode penetrar ou nos beneficiar.

Todo cristão é chamado por Deus para ser espiritual. Paulo reprova estes coríntios, recém-tirados do paganismo, por ainda não serem espirituais. O objetivo da redenção em Cristo é a remoção de cada obstáculo para que o Espírito de Deus possa tornar o coração e a vida de alguém em um lar digno para Deus que é Espírito. Aquela redenção não foi em vão; o Espírito Santo desceu para inaugurar uma nova, ainda desconhecida, dispensação de Sua vida e poder interior. A promessa e o amor do Pai, o poder e a glória do Filho, a presença do Espírito na Terra – são promessas e garantias de que isto é possível. Tão certo quanto um homem natural pode tornar-se um homem regenerado, assim pode um homem regenerado, que ainda é carnal, tornar-se espiritual.

Por que, então, isso não é sempre assim? Essa pergunta conduz-nos ao insondável mistério da escolha que Deus nos deu para aceitar ou recusar a Sua oferta: ser fiel ou não à graça que Ele tem dado. Temos já falado daquele fracasso da parte da igreja quanto ao seu ensino deficiente sobre a habitação interior e o poder santificador do Espírito Santo no crente, e da parte dos crentes, de sua recusa em abandonar tudo e permitir ao Espírito Santo ter pleno domínio deles. Vamos olhar novamente para o que as Escrituras ensinam sobre como tornar-se espiritual.

É o Espírito Santo que faz o homem espiritual, mas somente quando o indivíduo está rendido a Ele. Para ter todo o nosso ser permeado, influenciado e santificado pelo Espírito Santo, devemos primeiramente ter nosso espírito, alma – vontade, sentimentos e mente – e corpo, debaixo de Seu controle, movidos e guiados por Ele. Isto define e autentica o homem espiritual.

O primeiro passo no caminho para a verdadeira espiritualidade é a fé. Devemos buscar a viva e profunda convicção de que o Espírito Santo está em nós; que Ele é o poder de Deus habitando e operando dentro de nós, que Ele é o representante de Jesus, tornando-O presente em nós como nosso Rei Redentor, poderoso para salvar. Na união de um santo temor e reverência ante a tremenda glória desta verdade de um Deus que habita em nosso interior, com alegria singela e confiança de conhecê-lO como Paráclito, Aquele que traz a divina e irrevogável presença de Cristo, este pensamento deve tornar-se a inspiração de nossas vidas: o Espírito Santo fez o Seu lar dentro de nós; nosso espírito é o Seu lugar de habitação abençoado e oculto.

À medida que somos supridos com fé no que Ele é e fará, buscaremos conhecer o obstáculo que impede que isto seja consumado. Mas sabemos que há um poder que se opõe: nossa própria carne. Das Escrituras aprendemos como a carne é ofensiva de duas maneiras: injustiça e justiça própria. Ambas devem ser confessadas e rendidas Àquele que o Espírito deseja revelar e entronizar como Senhor e Salvador. Tudo o que é carnal e pecaminoso, cada obra da carne, deve ser abandonada e lançada fora — todo esforço e empenho próprios. A alma, com todos os seus poderes, deve ser conduzida em sujeição a Jesus Cristo. Em dependência diária e profunda de Deus, devemos aceitar, aguardar e seguir o Espírito Santo.

Andando em fé e obediência, podemos contar com o Espírito Santo para fazer uma obra divina e bendita dentro de nós. Pela fé vivemos no Espírito, andamos no Espírito, rendendo-nos à Sua poderosa obra em nós para desejarmos e fazermos tudo o que é agradável à vista de Deus.

Gracioso Deus, humildemente oramos para que ensines a todos nós a tirar proveito das profundas lições desta porção de Tua bendita Palavra.

Supra-nos com um santo temor e reverência, a fim de que, com todo nosso conhecimento da verdade de Cristo e do Espírito, não sejamos carnais na inclinação e conduta, mas que andemos no amor e pureza do Teu Espírito Santo. Que possamos entender que o conhecimento incha, a menos que ele esteja sob o governo do amor que edifica.

Que possamos ouvir o Teu chamado para sermos espirituais, pelo Teu Santo Espírito, para manifestarmos o fruto do Espírito e sermos conformados à imagem de Cristo Jesus.

Fortaleça nossa fé! Supra-nos com a confiança de que o Espírito Santo fará Sua obra de fazer-nos espirituais. Rendemo-nos ao nosso Senhor para que Ele governe em nós, para revelar-Se pelo Seu Espírito. Curvamo-nos perante Ti na fé singela de que o Teu Espírito habitará em nós a cada momento. Que nossas almas possam, mais e mais, serem cheias com reverente temor em Tua presença. Segundo as riquezas da Tua glória, conceda que possamos ser fortalecidos por Ele no homem interior. Somente então seremos verdadeiramente espirituais. Amém.

O Espírito de Cristo

RESUMO

1. Todos os crentes devem elevar-se do estágio carnal para o espiritual da vida cristã, onde o Espírito de Pentecostes reina e governa.

2. Para entender a palavra "carnal" e a vida que Paulo condena tão fortemente aqui, compare Romanos 7:14, "eu, todavia, sou carnal, vendido à escravidão do pecado", e a descrição do estado de cativeiro sem esperança do qual o termo "carnal" é entendido. Para entender a palavra "espiritual", compare Romanos 8:6, "a inclinação (mentalidade) do Espírito é vida e paz", com a descrição da vida do Espírito no contexto (vv. 2-16). Compare também Gálatas 5:15-16, 22, 25-26 e 6:1 para ver que ser carnal é ausência de amor, enquanto ser espiritual é exibir a mansidão e amor que guarda o novo mandamento.

3. Quando um homem é regenerado, a nova vida interior é apenas uma semente no meio de um corpo de pecado e carne, com sua sabedoria e vontade carnal. Naquela semente há Cristo e Seu Espírito como o poder de Deus em nós; mas já que uma semente é algo frágil, há o risco de ser negligenciada ou desacreditada. A fé reconhece o supremo poder que há naquela semente para vencer o mundo e conduzir à sujeição toda a vida e o ser. Assim o Espírito governa, conquista e habilita o homem a mortificar os feitos da carne e tornar-se espiritual.

4. O fato de que verdadeira percepção espiritual da Palavra de Deus depende de uma vida espiritual é algo de suprema importância para pastores e mestres da Palavra. Oremos pelos líderes da igreja para que possam ser espirituais. Não é a eloquência do ensino em si mesma ou o vigor do mestre, mas o poder do Espírito que torna espirituais os pensamentos e as palavras de alguém.

24

O Templo do Espírito Santo

*Não sabeis que sois santuário de Deus e
que o Espírito de Deus habita em vós?*

1 Coríntios 3:16

As Escrituras convidam-nos a estudar a analogia do templo com a habitação interior do Espírito Santo. O templo foi construído pelo modelo que Moisés viu no monte, uma sombra lançada das realidades espirituais eternas que ele simbolizava. Uma dessas realidades é a tríplice natureza do homem. Uma vez que o homem foi criado à imagem de Deus, o templo não é apenas um exemplo do mistério da aproximação do homem à presença de Deus, mas também do caminho de Deus para penetrar no homem, para estabelecer residência nele.

Estamos familiarizados com a divisão do templo em três partes. Havia o átrio exterior, visto por todos os homens, no qual todo israelita podia entrar e onde todos os serviços externos eram realizados. Havia o Santo lugar, no qual apenas os sacerdotes entravam para apresentar a Deus o sangue ou o incenso, o pão ou o óleo, que tinham sido trazidos de fora. Embora próximos, ainda não estavam dentro do véu; na presença imediata de Deus. Deus habitava no Santíssimo, em uma luz inacessível, onde ninguém poderia se aventurar. A entrada transitória do sumo sacerdote, uma vez ao ano, era apenas para fazê-los conscientes da verdade de que lá não havia lugar para o homem até que o véu fosse rasgado em dois.

O homem é o templo de Deus. Nele há três partes. O corpo representa o átrio, a vida exterior e visível, onde a conduta é regulada pelas leis de Deus e onde todo o serviço consiste em olhar como são as coisas ao redor de nós, e aproximar-nos de Deus. A alma representa a vida da personalidade, as faculdades da mente, sentimento e vontade. No homem regenerado, este é o Santo lugar onde pensamentos, afeições e desejos movem-se para lá e para cá como os sacerdotes do santuário, rendendo a Deus o seu serviço na plena luz da consciência. Então há, dentro do véu, oculto de toda visão humana e de luz externa, o mais íntimo e oculto santuário, o lugar secreto do Altíssimo, onde Deus habita e onde o homem não pode entrar, até que o véu seja rasgado.

O homem tem não apenas corpo e alma, mas também tem espírito (1 Ts 5:23). Mais profundo que a alma com sua consciência, há a natureza espiritual unindo o homem com Deus. O poder do pecado é tão destrutivo que, em algumas pessoas, esta chega a

O Espírito de Cristo

morrer: "Eles são sensuais, não tendo o espírito". Em outros, esta natureza espiritual nada mais é que um lugar dormente, um moribundo aguardando pela vivificação do Espírito Santo. No crente, ela é a câmara interior do coração, do qual o Espírito habita, e a partir da qual Ele aguarda para fazer Sua gloriosa obra, tornando a alma e o corpo santos para o Senhor.

Contudo, se esta habitação interior não for reconhecida, consentida e humildemente mantida em adoração e amor, trará pouca bênção. Reconhecer a presença interior do Espírito Santo nos capacitará a considerar todo o templo, mesmo o átrio exterior, como sendo sagrado para o Seu serviço, e a entregar cada aspecto de nossa natureza à Sua liderança e vontade. A parte mais sagrada do templo — para a qual todo o resto existia e dependia — era o Santo dos Santos. Embora os sacerdotes nunca pudessem entrar e ver a glória que residia lá, sua conduta era ordenada e sua fé motivada pelo pensamento da presença invisível que ele continha.

Era este fato que conferia importância à aspersão do sangue e à queima do incenso. E era este fato que se constituía num privilégio aproxima-se, e lhes dava confiança para sair e abençoar o povo. Era o Santo dos Santos que tornava o lugar onde serviam um Santo lugar. Toda sua vida era controlada e inspirada pela fé na glória invisível que habitava dentro do véu.

E assim é com o crente. Até que aprenda, pela fé, a curvar-se em santo temor diante do profundo mistério que é o templo de Deus porque o Espírito de Deus nele habita, ele nunca aceitará, com alegre confiança, a sua vocação do alto. Enquanto ele olhar para o Santo lugar, da mesma forma com que um homem vê a si mesmo, buscará em vão pelo Espírito Santo. Cada um deve aprender a conhecer o lugar secreto do Altíssimo em seu interior.

Como esta fé na habitação oculta torna-se nossa? Tomando uma posição a partir da Palavra de Deus, aceitando e apropriando-se de seu ensino. Devemos crer que Deus tem um propósito planejado no que Ele diz. Nós somos o Seu templo – um tipo de templo que Deus ordenou que fosse construído. Ele quer que vejamos, neste templo, o que Deus planejou para nós.

O Santo dos Santos era o ponto central, a parte fundamental do templo. Ele era escuro, secreto, escondido, até o tempo de seu desvendamento. Ele exigia e recebia a fé do sacerdote e do povo. O Santíssimo dentro de mim é oculto e invisível, também e antes de tudo, algo que apenas a fé pode buscar e conhecer. O Pai e o Filho, neste momento, fazem Sua morada dentro de mim. Meditarei e estarei em silêncio até que algo da irresistível glória desta verdade torne-se evidente para mim e a fé comece a perceber que eu sou o Seu templo, e no lugar secreto, Ele se assenta sobre o Seu trono. À medida que me render em meditação e adoração, dia a dia, entregando-me e abrindo todo o meu ser a Ele, Ele resplandecerá, em Seu poder divino, amoroso e vivo, a luz da Sua presença em minha consciência.

Em meio à terrível experiência do fracasso e do pecado, uma nova esperança surgirá. Embora possa, sinceramente ter buscado, não consegui cuidar do lugar santo para Deus, porque Ele próprio é que o preserva. Se Lhe der a glória devida ao Seu nome, Ele emitirá Sua luz e Sua verdade através de todo o seu ser, revelando o Seu poder para santificar e abençoar. Através da alma, colocando-se sempre com mais firmeza debaixo de Seu governo, o Seu poder operará,

O Espírito de Cristo

mesmo nas paixões e apetites interiores, sujeitando cada pensamento ao Espírito Santo.

Se você tem rejeitado o pecado e pedido ao Espírito para habitar em você, creia que Ele assim faz, e que você é o templo do Deus vivo! Você foi selado com o Espírito Santo; Ele é a garantia do amor do Pai por você.

Lembre-se de que o véu era apenas para um tempo. Quando veio a realidade, o véu da carne foi rasgado. Assim como a morte de Cristo rasgou o véu do templo, também o véu é rasgado em você para permitir a entrada do Espírito Santo do alto para o interior do seu ser. A glória oculta do lugar sagrado se derramará para dentro de sua vida consciente: o serviço do lugar santo será no poder do Espírito eterno.

Supremo e Santo Deus, em admiração e adoração, curvo--me perante Ti na presença deste maravilhoso mistério da graça: meu espírito, alma e corpo são o Teu templo.

Em profundo silêncio e adoração, aceito a bendita revelação de que em mim também há um Santo dos Santos e que lá a Tua glória oculta tem Tua morada.

Perdoa-me porque tenho discernido tão pouco deste fato. Mas agora, aceito a bendita verdade: Deus o Espírito, o Espírito Santo, que é o próprio Deus, habita em mim.

Pai, revela o que isto significa, para que eu não peque contra Ti por falar, mas não ter experiência prática desta verdade. Eu entrego todo o meu ser a Ti. Confio em Ti e em Teu poder para fazer o que queres em mim.

Creio em Ti para o pleno derramar de águas vivas. Tu, santo Mestre, poderoso santificador, estás dentro em mim. Em Ti espero todo o dia. Eu pertenço a Ti. Tenha o domínio de mim, em nome do Filho. Amém.

RESUMO

1. O espírito mencionado em João 4:24, refere-se a uma parte mais profunda que nossa alma, onde é possível mantermos comunhão com Deus. É o lugar do domínio próprio, o santuário no interior do qual a verdadeira adoração é celebrada (Rm 1:9).

2. Observe como Paulo, ao apelar aos coríntios para livrarem-se de seu profundo estado carnal, mais uma vez pleiteia com eles pelo fato de serem templos do Espírito Santo. Em nossos dias, muitos pensam que a habitação interior do Espírito Santo deve ser pregada apenas para cristãos mais maduros. Aprendamos que cada crente tem o Espírito Santo, que deve saber disto e que este conhecimento é a mais eficiente ferramenta para sair de uma vida carnal e adentrar à plenitude do Espírito. Trabalhemos para trazer cada crente a um despertamento para este fato que é seu direito de nascimento celestial.

3. É o corpo que é o templo do Espírito Santo (1 Co 6:19). Se nosso espírito está cheio com o Espírito de Deus, isto se manifestará também no corpo. "... mas, se, pelo Espírito, mortificardes os feitos do corpo, certamente, vivereis" (Rm 8:13). Creiamos que o divino Espírito é dado especificamente para permear, purificar e fortalecer nossos corpos para Seu serviço. É o Seu habitar no corpo que faz dele uma viva semente que partilha da vida de ressurreição.

4. Você sabe disso pela fé? Você está prosseguindo para conhecê-lO em plena experiência, de modo que sua consciência mais profunda dirá espontaneamente: "Sim, sou um templo de Deus; o Espírito de Deus habita em mim"? Glória seja dada ao Seu nome!

25

O Ministério do Espírito

*... não que, por nós mesmos, sejamos capazes de
pensar alguma coisa, como se partisse de nós;
pelo contrário, a nossa suficiência vem de Deus,
o qual nos habilitou para sermos ministros de uma
nova aliança, não da letra, mas do espírito;
porque a letra mata, mas o espírito vivifica.
E, se o ministério da morte... se revestiu de glória...
como não será de maior glória o ministério do Espírito!*

2 Coríntios 3:5-8

Em nenhuma de suas epístolas Paulo expõe seu conceito do ministério cristão de modo tão claro e completo como na Segunda Epístola aos Coríntios. A necessidade de defender seu apostolado contra detratores, a consciência do poder de Deus e da glória que nele operava em meio à fraqueza, o intenso anseio de seu coração cheio de amor para comunicar o que tinha para compartilhar, afetavam a alma de Paulo até as profundezas, desvendando-nos, hoje, os segredos mais íntimos da vida de alguém que é um verdadeiro ministro de Cristo e de Seu Espírito.

Em nossos versículos iniciais, temos o pensamento central: Paulo encontra sua suficiência de força, a inspiração e guia de toda a sua conduta, no fato de que foi feito um ministro do Espírito. Se tomarmos as várias passagens nas quais são feitas menções do Espírito Santo na primeira metade desta epístola (até 6:10), veremos seu ponto de vista sobre o lugar e a obra do Espírito Santo no ministério e como se caracteriza um ministério sob a Sua liderança e em Seu poder.

Nesta epístola Paulo fala com autoridade. Ele começa colocando-se no nível de seus leitores. Na sua primeira menção do Espírito, diz que o Espírito que está nele não é outro senão o mesmo que está neles. "Mas aquele que nos confirma convosco em Cristo e nos ungiu é Deus, que também nos selou e nos deu o penhor do Espírito em nosso coração" (1:21-22). Todos somos igualmente participantes da unção do Espírito, que nos traz à comunhão com Cristo e revela-nos o que Ele é para nós; do selo do Espírito, que nos separa como propriedade de Deus e dá-nos convicção deste fato e do penhor do Espírito, que nos concede o antegozo e a preparação para a herança celestial em glória.

A despeito de tudo o que havia de errado ou profano entre os coríntios, Paulo lhes fala, considero-os e ama-os como um em Cristo. Este profundo senso de unidade preenche sua alma, transparece através da epístola e é o segredo de sua influência. Veja 1:6, 10; 2:3: "... a minha alegria é também a vossa"; 4:5: "... a nós mesmos como vossos servos..."; 4:10-12: "De modo que, em nós, opera a morte,

O Espírito de Cristo

231

mas, em vós, a vida"; 4:15: "Porque todas as coisas existem por amor de vós..."; 6:11, 7:3: "... estais em nosso coração para, juntos, morrermos e vivermos".

Já que a unidade do Espírito, a consciência de sermos membros uns dos outros, é necessária em todos os crentes, quanto mais ainda deveria ser a marca daqueles que são líderes? O poder do ministério dos santos depende da unidade do Espírito, do pleno reconhecimento dos crentes como participantes da unção. Mas, para este fim, o próprio ministro deve viver como um ungido e selado, mostrando que tem o penhor do Espírito em seu coração.

A segunda passagem é 2 Coríntios 3:3: "... estando já manifestos como carta de Cristo, produzida pelo nosso ministério, escrita não com tinta, mas pelo Espírito do Deus vivente, não em tábuas de pedra, mas em tábuas de carne, isto é, nos corações". Um ato de Deus tão evidente, quanto foi a escrita da lei nas tábuas de pedra, foi a escrita da lei do Espírito da nova aliança e do nome de Cristo no coração. Esta é uma obra divina, da mesma forma que Deus escreveu nas tábuas de pedra, hoje o Espírito Santo usa as línguas de Seus ministros como Sua caneta. Esta verdade precisa ser restaurada no ministério, não somente a de que o Espírito Santo é necessário, mas que espera realizar Sua obra, e o fará, à medida que um relacionamento correto com Ele for mantido.

A própria experiência de Paulo em Corinto (At 18:5-11; 1 Co 2:3) nos ensina que a fraqueza consciente, que o temor, que o senso de absoluta incapacidade são necessários para que o poder de Deus repouse sobre nós. Toda a epístola confirma isto: ele foi um homem sob sentença de morte, trazendo em si o morrer do Senhor Jesus para que o poder de Cristo nele operasse. O Espírito de Deus opõe-se contra a carne, o mundo e o ego com sua vida e força; e somente à medida que estes são quebrados e que a carne perde sua glória, é que o Espírito passa a operar mais eficazmente.

Então surgem as palavras de nosso texto (3:6-7), para nos ensinar qual é a característica especial desse ministério do Espírito Santo na nova aliança: Ele "vivifica". A antítese, "a letra mata", aplica-se não somente à lei do Antigo Testamento, mas, de acordo com o ensino das Escrituras, a todo o conhecimento que não provém do poder vivificante do Espírito. Não exageramos quando insistimos que, assim como a lei, apesar de sabermos que ela era "espiritual", também o evangelho tem a sua letra. O evangelho pode ser pregado da maneira mais fiel e clara possível; pode exercer uma poderosa influência moral; e, ainda assim, a fé que dele vem pode apoiar-se na sabedoria humana e não no poder de Deus.

Se há algo que a igreja deve implorar em favor de seus ministros e estudantes, é que o ministério do Espírito seja restaurado em seu pleno poder. Ore para que Deus os ensine o que é viver pessoalmente autenticado com um selo, na unção, na certeza da habitação do Espírito; o que é saber que a letra mata, mas que o Espírito vivifica; e saber, acima de tudo, que a vida pessoal está sob o ministério do Espírito de modo que Ele possa trabalhar livremente.

Paulo agora prossegue em contrastar as duas dispensações e as diferentes características daqueles que nelas vivem. Ele mostra como, enquanto a mente está cega, há um véu sobre o coração que só pode ser retirado à medida que nos voltamos para o Senhor. E continua (3:17-18): "Ora, o Senhor é o Espírito; e onde está o Espírito do Senhor, aí há liberdade. E todos nós, com o rosto desvendado, contemplando, como por espelho, a glória do Senhor, somos transformados, de glória em glória, na sua própria imagem, como pelo Senhor, o Espírito". Quando nosso Senhor Jesus foi exaltado à

O Espírito de Cristo **233**

vida do Espírito, enviou Seu Santo Espírito ao Seu povo. Os discípulos conheceram Jesus na carne, sem conhecê-lO como o Espírito vivificante (1 Co 15:45). Paulo também fala disso com respeito a conhecer Jesus na carne por um determinado período (2 Co 5:16).

Pode haver muita pregação sincera do Senhor Jesus como o crucificado, mas que O ignora como o Espírito do Senhor glorificado. É somente quando esta última verdade for compreendida e experimentada que virá a dupla bênção de que Paulo fala: "... onde está o Espírito do Senhor, aí há liberdade". Os crentes serão levados à gloriosa liberdade dos filhos de Deus (Rm 8:2; Gl 5:1, 18). Ele, então, realizará a obra para a qual foi enviado: revelar a glória do Senhor em nós; e à medida que contemplamos esta verdade, seremos transformados de glória em glória.

Acerca do tempo que precede o Pentecostes, está escrito que o Espírito ainda não era porque Jesus ainda não havia sido glorificado. Mas quando Ele foi recebido na glória, o Espírito desceu aos nossos corações para que, com o rosto desvendado, contemplemos a glória do Senhor, e assim sermos transformados à Sua semelhança. Que chamado! O ministério do Espírito! Manifestar a glória do Senhor nos Seus redimidos, à medida que neles opera no sentido de transformá-los em Sua semelhança, de glória em glória. Onde há o conhecimento claro de Cristo como Senhor e do Espírito de Cristo como Aquele que transforma os crentes à Sua semelhança, o ministério entre os crentes será em vida e poder, um verdadeiro ministério do Espírito.

O poder do ministério, da parte de Deus, é a doação do Espírito e, da parte humana, é o exercício da fé. A próxima menção do Espírito está em 4:13: "Tendo, porém, o mesmo espírito da fé...". Após haver, no capítulo 3, estabelecido a glória do ministério do

Espírito e, no capítulo 4:1-6, a glória do evangelho proclamado, Paulo passa a discorrer sobre os vasos nos quais está este tesouro. Ele tem que justificar sua aparente fraqueza. Mas ele vai além. Em vez de se desculpar por sua fraqueza, explica seu significado e glória divinos. Ele prova como esta situação constituía o seu poder, porque em sua fraqueza o poder divino podia operar. Foi ordenado então que "a excelência do poder seja de Deus e não de nós" (v. 7).

Assim, sua perfeita comunhão com Jesus era mantida conforme ele carregava "no corpo o morrer de Jesus, para que também a sua vida se manifeste em nosso corpo" (v. 10). De maneira que, mesmo em seus sofrimentos, havia algo do elemento vicário que caracterizou os de seu Senhor: "De modo que, em nós, opera a morte, mas, em vós, a vida" (v. 12). E então completa, conforme a expressão do poder animador que o sustentou através de toda a provação e trabalho: "Tendo, porém, o mesmo espírito da fé", sobre o qual lemos nas Escrituras: "Eu cri; por isso é que falei. Também nós cremos; por isso, também falamos, sabendo que aquele que ressuscitou o Senhor Jesus também nos ressuscitará com Jesus e nos apresentará convosco" (vv. 13-14).

Fé é a evidência de coisas que não são vistas. Ela vê o invisível e nele vive. Começando com a confiança em Jesus, "no qual, não vendo agora, mas crendo, exultais com alegria indizível e cheia de glória" (1 Pd 1:8), a fé continua percorrendo em toda a vida cristã. Tudo que é do Espírito é por fé. A grande obra de Deus, ao abrir o coração de Seus filhos para receber mais do Espírito, é disciplinar sua fé a uma liberdade mais perfeita para fora de tudo o que é visível, e a um descanso mais completo em Deus, até a segurança de que Deus habita e trabalha poderosamente em sua fraqueza. Por esta razão, provas e sofrimentos são enviados.

O Espírito de Cristo

Paulo usa uma linguagem extraordinária a respeito de seus sofrimentos em 2 Coríntios 1:9: "Contudo, já em nós mesmos, tivemos a sentença de morte, para que não confiemos em nós e sim no Deus que ressuscita os mortos". Até mesmo Paulo corria o perigo de confiar em si mesmo. Nada é mais natural: toda vida confia em si, e a natureza é solidária a si mesma até que morra. Para a poderosa obra a que fora chamado, Paulo precisava confiar em ninguém menos do que no Deus vivo, que ressuscita os mortos. Para tal Deus o conduziu, dando-lhe, na aflição que lhe sobreveio na Ásia, a sentença de morte de si mesmo.

A prova de sua fé constituiu-se em sua força. Em nosso contexto, ele retorna a este pensamento: a comunhão do morrer de Jesus é, para ele, o meio e a certeza da experiência do poder da vida de Cristo. No espírito desta fé, diz: "... o qual nos livrou e livrará de tão grande morte; em quem temos esperado que ainda continuará a livrar-nos" (1:10).

Só após a morte de Jesus é que o Espírito da vida pôde d'Ele jorrar. A vida de Jesus nasceu da sepultura: é uma vida oriunda da morte. À medida que morremos diariamente, e carregamos conosco o morrer de Jesus; à medida que a carne e que o ego são mortificados; à medida que temos em nós a sentença de morte de Deus sobre tudo o que é da carne e do ego, é que a vida e o Espírito de Cristo poderão se manifestar em nós. E este é o Espírito da fé, que no meio da fraqueza e da morte aparente, depende do Deus que ressuscita os mortos. Este é o ministério do Espírito — quando a fé se gloria nas enfermidades — que o poder de Cristo possa repousar nela. À medida que nossa fé não cede nas fraquezas terrenas do vaso, à medida que concorda com o fato de que a excelência do poder não deve ser nossa, mas de Deus, então o Espírito irá operar no poder do Deus vivo.

Encontramos o mesmo pensamento nas duas passagens restantes. Em 5:5 ele fala de novo do "penhor do Espírito" em conexão com nossos "gemidos angustiados" (v. 4). E então, em 6:4-10, o Espírito é apresentado no meio da menção de suas angústias e labores como a marca de seu ministério: "Pelo contrário, em tudo recomendamo--nos a nós mesmos como ministros de Deus: na muita paciência, nas aflições... *no Espírito Santo*... como se estivéssemos morrendo e, contudo, eis que vivemos; como castigados, porém não mortos; entristecidos, mas sempre alegres; pobres, mas enriquecendo a muitos...". O poder de Cristo no Espírito Santo era, para Paulo, uma realidade tão viva que a fraqueza da carne somente o levava a se regozijar e a confiar mais plenamente nele. A habitação e o trabalho do Espírito nele era a fonte secreta e o divino poder de seu ministério.

Devemos nos perguntar: "O Espírito Santo tem o lugar em nosso ministério como teve no de Paulo?". Não há nenhum ministro ou membro da igreja que não tenha interesse vital na resposta. A questão não é se nos submetemos à doutrina da absoluta necessidade da obra do Espírito Santo, mas se dedicamos uma quantidade suficiente de nosso tempo, de nossos pensamentos e de nossa fé para assegurar a Sua presença.

O Espírito Santo tem o lugar na igreja que o Senhor Jesus deseja que Ele tenha? Quando nossos corações forem abertos à gloriosa verdade de que Ele é o poder de Deus; que, no Espírito, Cristo opera através de nós, e que Ele é a presença do Senhor glorificado, concordaremos que a necessidade da igreja é esperar aos pés do trono pelo revestimento com poder do alto. O Espírito de Cristo, no poder de Sua vida e morte, é o Espírito do ministério. À medida que a igreja compreende isto, se tornará o que o Cabeça da Igreja desejou que ela fosse: o ministério do Espírito.

Bendito Pai, agradecemos-Te pela instituição do ministério da Palavra como o grande meio pelo qual nosso Senhor exaltado realiza Sua obra salvadora pelo Espírito Santo. Agradecemos-Te porque ele é um ministério do Espírito e por toda a bênção que lavraste através dela no mundo. Nossa oração é que cada vez mais prepares Tua Igreja em toda parte para o que desejas que ela seja: um ministério do Espírito e de poder.

Ajuda-nos a perceber o quanto ainda estamos aquém de Teus propósitos. Revela-nos o quanto confiamos em nossa carne, no nosso próprio zelo, força e na sabedoria deste mundo. Ensina-nos todo o segredo de dar lugar ao Espírito de Cristo para que Ele nos use como vasos aptos a ensinar a outros. Amém.

Resumo

1. Cristo, em sua condição humana, precisou ser aperfeiçoado pelo sofrimento. Foi através do sofrimento que Ele entrou na glória da qual foi enviado o Espírito. Ele foi crucificado em fraqueza, mas vive pelo poder de Deus. Paulo não poderia exercer seu ministério do Espírito em poder sem a contínua experiência da mesma fraqueza. "Assim", disse ele, "a morte opera em nós, mas em vocês, a vida." Somos também fracos n'Ele, mas viveremos com Ele através do dom de Deus. Nos mártires e missionários, a perseguição e a tribulação foram a comunhão dos sofrimentos e da fraqueza de Cristo, de Seu poder e de Seu Espírito. Talvez nem procuremos perseguição ou o sofrimento, mas podemos participar das necessidades e tristezas dos que sofrem ao nosso redor.

2. O modelo do ministério e a vida dos crentes devem estar em harmonia. À medida que o Espírito é conhecido e honrado na vida da igreja, a necessidade de um ministério espiritual será reconhecida. À medida que o ministério torna-se mais profundamente espiritual, o tom da igreja será elevado. Os dois interagem entre si. Mas como é preciso saber que um ministério sincero, enérgico, intelectual e eloquente não é, necessariamente, um ministério do Espírito!

3. Façamos de todo ministério um assunto de oração incessante. Lembremo-nos do quanto a igreja depende disso. Supliquemos, a Deus, por um ministério do Espírito. Quando isso se tornar o desejo da igreja, o Espírito não será retido.

4. Qual será o sinal de um ministério do Espírito? Haverá um senso do sobrenatural, um santo temor da presença de Deus repousando nos indivíduos, e a inconfundível evidência da habitação de Deus.

26

O Espírito e a Carne

*Sois assim insensatos que, tendo começado
no Espírito, estejais, vos aperfeiçoando na carne?*

Gálatas 3:3

*Porque nós é que somos a circuncisão, nós que adoramos a Deus no
Espírito, e nos gloriamos em Cristo Jesus, e não confiamos na carne.
Bem que eu poderia também confiar na carne.
Se qualquer outro pensa que pode confiar na carne, eu ainda mais...*

Filipenses 3:3-4

A carne é o nome que as Escrituras usam para indicar a nossa natureza caída – alma e corpo. A alma, na criação, foi colocada entre o espiritual, ou divino, e o sensível, ou terreno, para dar a cada um o que lhe é próprio, e guia-los àquela perfeita união que resultaria para o homem, na realização de seu destino – um corpo espiritual. Quando a alma cedeu à tentação do sensível, rompeu com o governo do Espírito e caiu sob o poder do corpo, assim surgiu a carne. E agora, a carne não somente se encontra sem o Espírito, mas é hostil a ele. "Porque a carne milita contra o Espírito..." (Gl 5:17).

Neste antagonismo entre a carne e o Espírito existem dois aspectos. Por um lado, a carne milita contra o Espírito ao cometer pecado e transgredir a lei de Deus. De outro, sua hostilidade ao Espírito manifesta-se em sua resistência em servir a Deus e fazer Sua vontade. Ao render-se à carne, a alma voltou-se para si mesma em lugar do Deus a quem o Espírito a ligara; o egoísmo prevaleceu sobre a vontade de Deus; o egoísmo tornou-se seu princípio governante. E a rebeldia do ego é tão forte e sutil, que faz com que a carne não somente busque pecar contra Deus, mas também resista às tentativas da alma de servi-lO. A carne se recusa a permitir que apenas o Espírito lidere e, em seus esforços para ser "religiosa", ainda constitui-se como o grande inimigo que obstrui e apaga o Espírito. É por causa desta falsidade da carne que, muitas vezes, ocorre o que Paulo fala aos Gálatas: "Tendo começado no Espírito, estejais agora vos aperfeiçoando na carne?". A menos que a rendição ao Espírito seja completa, e a dependente e humilde espera n'Ele seja contínua, o que começou no Espírito muito rapidamente transforma-se em confiança na carne.

E o fato mais notável é que aquilo que a princípio poderia parecer um paradoxo, assim que a carne busque servir a Deus, torna-se a força do pecado. Sabemos como os fariseus, com sua justiça-própria e religião carnal, caíram em orgulho e egoísmo e se tornaram os

O Espírito de Cristo

servos do pecado. Paulo indagou aos gálatas a respeito de estarem aperfeiçoando na carne o que havia começado no Espírito, advertindo-os contra a justiça de obras, uma vez que as obras da carne eram tão manifestas que estavam em perigo de devorarem-se uns aos outros.

Satanás não possui um instrumento mais ardiloso para manter as almas em escravidão do que incitá-las a praticar a religião na carne. Ele sabe que o poder da carne jamais pode agradar a Deus ou vencer o pecado, e que, no devido tempo, a carne que ganhou supremacia sobre o Espírito no serviço a Deus afirmará e manterá esta mesma supremacia no serviço do pecado. É somente quando o Espírito tem a liderança e o governo na vida de adoração que terá o poder para liderança e governo na vida de obediência prática. Se tenho que negar o ego em meus relacionamentos com os outros, vencer o egoísmo, o temperamento e a falta de amor, devo primeiro aprender a negar o ego em meu relacionamento com Deus. Ali a alma, a sede do ego, deve aprender a curvar-se ao espírito, onde Deus habita.

O contraste entre a adoração no Espírito e a adoração na carne é maravilhosamente expresso na descrição, de Paulo, da circuncisão verdadeira— a circuncisão do coração – cujo louvor não procede dos homens, mas de Deus: "Aqueles que adoram a Deus no Espírito, gloriam-se em Cristo Jesus e não confiam na carne". Colocando o gloriar-se em Cristo Jesus no centro do verso, como a essência da fé e da vida cristã, ele chama a atenção, por um lado, para o grande perigo que o cerca e, por outro, a garantia pela qual o seu pleno desfrute é assegurado. Confiança na carne é aquilo que, acima de tudo, torna o gloriar-se em Cristo Jesus inoperante, e adoração no Espírito é unicamente aquilo que torna o gloriar-se, em Cristo Jesus, vida e verdade. Que o Espírito revele-nos o que significa gloriar-se em Cristo Jesus!

Há um gloriar-se em Cristo Jesus acompanhado por confiança na carne que tanto a história quanto a experiência nos ensinam. Entre os gálatas, os mestres, a quem Paulo se opôs tão fortemente, eram todos pregadores de Cristo e de Sua cruz. Mas eles a pregavam não como homens ensinados pelo Espírito para conhecerem a infinita e penetrante influência da cruz, mas como aqueles que tinham tido o Espírito de Deus no início, e permitiram que sua própria sabedoria e pensamentos interpretassem o que a cruz significava, e então a adequaram com uma religião que, em larga medida, era puramente legal e, portanto, carnal. A história das igrejas da Galácia é repetida até hoje nas igrejas que se pressupõe estarem livres do erro dos gálatas. Observe a frequência com que a doutrina da justificação pela fé é pregada como se fosse o ensino principal da epístola, e a doutrina da habitação interior do Espírito Santo e de nosso andar pelo Espírito é dificilmente mencionada.

Cristo crucificado é a sabedoria de Deus. A confiança na carne, mesmo associada ao gloriar-se em Cristo, é, em última instância, confiança na própria sabedoria. As Escrituras são normalmente estudadas, pregadas e recebidas no poder da mente natural, com pouca ênfase na necessidade do ensino do Espírito. Elas são entendidas com a mesma confiança com que os homens conhecem qualquer verdade – por ensino humano e não divino – e na ausência daquela receptividade que espera em Deus para revelar Sua verdade.

Cristo, através do Espírito Santo, é a sabedoria e o poder de Deus. A confiança na carne e o "gloriar-se em Cristo Jesus" são vistos e constatados com muita frequência na obra da Igreja cristã em que o

O Espírito de Cristo **243**

esforço e o planejamento humano ocupam um lugar muito maior do que a espera pelo poder que vem do alto. Nas maiores organizações eclesiásticas, nas igrejas independentes, na vida interior do espírito e da oração, percebemos como uma grande quantidade de esforço malsucedido e repetido fracasso evidenciam este erro. Não há falta de reconhecimento de Cristo como nossa única esperança, e nem falta de dar-Lhe o louvor que Lhe é devido e, ainda assim, tanta confiança na carne torna tudo isto ineficaz.

Pergunto a você que está buscando uma vida de plena consagração e bênção se pode admitir que o que temos mencionado aqui é o motivo de seu fracasso. Ajudar aqueles que têm descoberto que isso é verdade é um dos meus primeiros objetivos em escrever este livro. Quando, em uma mensagem, conversa ou oração particular, a plenitude de Jesus foi exposta a você com a possibilidade de uma vida santa, sua alma sentiu que tudo isto era tão maravilhoso e simples que nada poderia detê-lo. E, talvez, quando você aceitou o que foi visto ser seguro e acessível, entrou em uma alegria e poder que antes lhe eram desconhecidos. Mas isto não durou muito tempo. Algo estava errado na origem. A sua busca pela causa do problema foi em vão. A razão que lhe deram é que sua rendição foi incompleta, ou que sua fé não era genuína. E ainda assim sua alma tinha certeza de que estava pronta para desistir de tudo e confiar em Jesus para tudo. Sua alma tinha quase perdido a esperança de uma perfeição impossível – se perfeita consagração e perfeita fé fossem a condição da bênção. E a promessa tinha sido que seria tudo tão simples – a vida perfeita para o pobre e para o fraco.

Ouça o ensinamento da Palavra de Deus hoje: foi a confiança na carne que arruinou o seu gloriar-se em Cristo Jesus. Foi o ego fazendo o que somente o Espírito pode fazer; foi a alma tomando a liderança na expectativa de que o Espírito apoiaria os seus esforços, ao invés de confiar no Espírito Santo para fazer tudo e então esperar n'Ele. Você seguiu Jesus sem negar o ego. Olhe novamente para o nosso texto: Paulo aponta-nos a única proteção contra este perigo: "Nós somos a circuncisão, nós que adoramos a Deus no Espírito, nos gloriamos em Cristo Jesus e não confiamos na carne". Estes são os dois elementos da adoração espiritual: o Espírito exalta Jesus e humilha a carne. Se nós desejamos verdadeiramente nos gloriar em Jesus e tê-lO glorificado em nós; se queremos conhecer a glória de Jesus em nossa experiência pessoal, livres da ineficácia que marca os esforços da carne, devemos aprender o que é a adoração a Deus no Espírito.

Eu apenas reitero que este é o propósito deste livro, manifestar como verdade de Deus a partir de Sua bendita Palavra: glorie-se em Cristo Jesus pelo Seu Espírito. Glorie-se n'Ele como o glorificado que batiza com o Espírito Santo. Em simplicidade e descanso, creia que Ele deu-lhe o Seu próprio Espírito para viver em você. Medite nisto, creia em Sua Palavra concernente a este fato, até que sua alma se curve em reverência diante de Deus por causa da gloriosa verdade: o Espírito Santo de Deus habita em você.

Renda-se à Sua liderança, que, temos aprendido, não acontece somente nos pensamentos ou na mente, mas também na vida e na inclinação. Renda-se a Deus para ser guiado pelo Espírito Santo em toda a sua conduta. Ele é prometido para todos aqueles que amam a Jesus e O obedecem. Lembre-se de qual foi o objetivo principal de sua vinda: devolver o Senhor Jesus que havia partido de Seus discípulos. "Não vos deixarei órfãos", disse Jesus; "voltarei para vós outros" (Jo 14:18).

O Espírito de Cristo

Você não pode se gloriar em um Jesus distante do qual está separado. Quando tenta fazê-lo, isto exige um grande esforço – você precisa da ajuda da carne para isso. Você só pode se gloriar em um Salvador que é presente, a quem o Espírito Santo revela em você. Quando Ele assim faz, a carne é rebaixada; os feitos da carne são mortificados. Toda a sua prática de fé deve ser: não tenho confiança na carne. Glorio-me em Cristo Jesus. Adoro a Deus no Espírito.

Amado cristão, tendo começado no Espírito, você deve continuar no Espírito. Guarde-se de tentar aperfeiçoar a obra do Espírito na carne. Deixe que a "não confiança na carne" seja o seu brado de guerra; permita que uma profunda desconfiança da carne e temor de entristecer o Espírito por andar na carne mantenham-no humilde diante de Deus. Ore a Deus pelo Espírito de revelação a fim de que você possa ver Jesus como seu tudo e ver como, pelo Espírito Santo, a vida divina pode tomar o lugar de sua vida, e Jesus ser entronizado como o proprietário e guia de sua alma.

Bendito Deus e Pai, agradecemos-Te pela maravilhosa provisão que Tu fizestes para que Teus filhos se aproximem de Ti, gloriando-se em Cristo Jesus, e adorando-Te no Espírito. Concede-nos, pedimos, que assim possa ser nossa vida e serviço cristão.

Pedimos-Te que nos mostres claramente que o grande impedimento para tal vida é a confiança na carne. Abra nossos olhos para este laço de Satanás. Que todos nós possamos ver quão secreta e sutil é a tentação e quão facilmente somos conduzidos a aperfeiçoar na carne aquilo que começou no Espírito. Que possamos aprender a confiar em Ti para operar em nós, pelo Teu Espírito Santo, tanto o querer quanto o fazer aquilo que é o Teu bom prazer.

Ensina-nos também, oramos, a conhecer como a carne pode ser vencida e o seu poder quebrado. Através da morte de Teu amado Filho nossa velha natureza foi crucificada. Que possamos considerar tudo como perda para sermos conformados à Tua morte, e conhecer o poder de uma vida guiada pelo Teu Espírito Santo. Amém.

O Espírito de Cristo

RESUMO

1. Cristo é a sabedoria e o poder de Deus. A raiz de toda confiança em nossa própria força e sabedoria é a pretensão de que sabemos como servir a Deus porque temos a Sua Palavra, e isto é suficiente. Esta sabedoria do homem acolhendo a Palavra de Deus é o maior perigo da igreja, porque é uma forma oculta e sutil pela qual somos conduzidos a aperfeiçoar na carne o que começou no Espírito.

2. Nossa única proteção aqui é o Espírito Santo: um desejo de sermos ensinados por Ele, um temor de andarmos segundo a carne nas menores coisas que sejam, uma rendição amorosa em tudo para a obediência de Cristo. Carecemos de uma fé viva no Espírito para que Ele apodere-se de nossa vida e viva através de nós.

3. Compreendamos que existem dois princípios motivadores de vida. Na maioria dos cristãos, há uma vida mista, ora dando lugar a um deles e, depois, ao outro. Mas a vontade de Deus é que nós não andemos segundo a carne nem um só momento, mas segundo o Espírito. O Espírito Santo foi dado para colocar nossa vida em conformidade com a vontade de Deus. Que Deus nos mostre como o Espírito Santo pode ajudar-nos a mortificar a vida da carne e tornar-Se nossa nova vida, revelando Cristo em nós. Então podemos dizer, "não sou eu quem vive, mas Cristo vive em mim" (Gl 2:20).

4. A igreja deve aprender desta epístola que a justificação pela fé é somente um meio para um fim: a entrada para uma vida de andar pelo Espírito de Deus. Devemos retornar à pregação de João Batista: Cristo tira o pecado do mundo, Cristo batiza com o Espírito Santo.

27

A Promessa do Espírito pela Fé

*Cristo nos resgatou da maldição da lei, fazendo-se
ele próprio maldição em nosso lugar (porque está escrito:
Maldito todo aquele que for pendurado em madeiro),
para que a bênção de Abraão chegasse aos gentios, em
Jesus Cristo, a fim de que recebêssemos, pela fé, o Espírito prometido.*

Gálatas 3:13-14

A palavra *fé* é usada pela primeira vez nas Escrituras em relação a Abraão. O louvor mais solene, o segredo de sua força para obediência e o que o tornou tão agradável a Deus foi sua fé, e assim tornou-se o pai de todos os que creem, bem como o grande exemplo da bênção que a proteção divina confere e a maneira pela qual ela vem. Assim como Deus revelou-Se a Si mesmo a Abraão como o Deus que vivifica os mortos, Ele também o faz conosco em uma medida mais plena, quando nos presenteia com Seu Espírito para habitar em nós. E da mesma forma que este poder vivificador veio a Abraão pela fé, também a promessa do Espírito é apropriada pela fé. Todas as lições da vida de Abraão apontam para isto: recebemos a promessa do Espírito através da fé. Se quisermos conhecer a fé pela qual o Espírito é recebido, como vem e como cresce, temos de estudar a história de Abraão.

Na história da vida de Abraão está a ilustração do que é a fé: o sentido espiritual pelo qual uma pessoa reconhece e aceita a revelação de Deus e uma consciência despertada por esta revelação. Abraão tornou-se um homem de fé porque Deus o escolheu e decidiu revelar-Se a ele. Cada nova revelação era um ato da vontade divina; é através dessa vontade e da revelação pela qual a vontade divina leva a cabo o seu propósito, que a fé é gerada. Quanto mais clara a revelação, de modo mais profundo é a fé ativada na alma. Paulo fala da "confiança no Deus vivo": é apenas quando o poder vivificador da vida divina aproxima-se, e toca a alma, que a fé viva é chamada à existência. Fé não é um ato independente pelo qual, em nossa própria força, retemos o que Deus diz. Nem é um estado inteiramente passivo no qual nós permitimos que Deus faça conosco o que Ele deseja. Ao contrário, é aquela receptividade da alma na qual, quando Deus se aproxima e quando Seu poder vivo fala a nós e nos toca, nos entregamos a Ele e aceitamos Sua palavra e operação em nós.

É evidente então que a fé lida com duas coisas: a presença e a palavra do Senhor. É a Sua presença viva que revela a Sua palavra em poder. É por causa desta relação vital que vemos tanta leitura e

O Espírito de Cristo

pregação da Palavra de Deus dando pouco fruto, tanto esforço e oração por fé com tão pouco resultado. Muitos usam a Palavra de Deus sem a presença do Deus vivo. Fé tem sido definida como esperar Deus cumprir Sua palavra. Para muitos, isso significa tomar a palavra como sendo de Deus; mas se esquecem de tomar a *Deus* em Sua palavra. Uma chave não tem valor até que seja usada na fechadura da porta que desejo abrir. Assim, é somente em contato direto e vivo com o próprio Deus que a Palavra abre meu coração para crer.

A fé espera em Deus na Sua palavra. Posso ter o livro de Deus e todas as Suas preciosas promessas claras e plenas; posso ter aprendido perfeitamente como confiar nas promessas para vê-las cumpridas, mas ainda assim falhar totalmente em encontrar a bênção tão ansiada. A fé que entra na herança é a atitude da alma que aguarda pelo próprio Deus. Primeiro para falar Sua palavra e, então, para fazer o que Ele falou. Fé é comunhão com Deus, é rendição a Deus, a impressão feita pela Sua aproximação, o domínio que Ele tem da alma pela Sua palavra, assegurando-a e preparando-a para Seu trabalho. Uma vez que a alma tenha sido despertada, passa a aguardar por cada manifestação da vontade divina; passa a ouvir e a aceitar cada indicação da presença divina; passa a ansiar e a esperar o cumprimento de cada promessa divina.

Tal era a fé pela qual Abraão herdou as promessas. Tal é a fé pela qual a bênção de Abraão veio sobre os gentios e pela qual recebemos a promessa do Espírito. Em nosso estudo da obra do Espírito Santo e do modo pelo qual Ele vem, vamos nos firmar nesta palavra: "Recebemos a promessa do Espírito pela fé". Quer buscando conhecer a plena consciência da habitação interior do Espírito, uma mais profunda certeza do amor de Deus no coração, uma maior manifestação dos Seus frutos, uma mais clara experiência de Seu guiar a toda a verdade, quer para o revestimento de poder para fazer Sua obra, lembremo-nos que a lei da fé, sobre a qual a graça está fundamentada, requer sua mais plena aplicação: "Faça-se-vos conforme a vossa fé" (Mt 9:29). Recebemos a promessa do Espírito pela fé. Busquemos a bênção de Abraão pela mesma fé.

Iniciemos nossa fé da mesma forma como começou a dele: no encontro com Deus e à espera de Deus. O Senhor apareceu a Abraão. Ele caiu sobre o seu rosto, e Deus falou com ele. Olhemos, da mesma forma, para nosso Deus para que Ele faça esta obra maravilhosa: falar conosco e encher-nos com Seu Santo Espírito. "De modo que os da fé são abençoados com o crente Abraão" (Gl 3:9). Para Abraão, quando seu próprio corpo estava "como que amortecido", como também mais tarde, quando seu filho foi amarrado no altar, pronto para ser sacrificado, Deus veio como Aquele que dá a vida. Abraão creu no Deus que vivifica os mortos. Ofereceu Isaque, contando com Deus para ressuscitá-lo, se necessário.

Para nós, Ele vem oferecendo para encher-nos, espírito, alma e corpo, com o poder de uma vida divina através de Seu Santo Espírito. Sejamos como Abraão: quando olhou para a promessa de Deus, não hesitou em incredulidade, mas fortaleceu-se pela fé, dando glória a Deus, estando certo de que o que Ele prometeu era capaz de realizar. Sejamos cheios com a fé d'Aquele que prometeu, com nossos corações focados n'Aquele que é poderoso para cumprir. É a fé em Deus que abre nossos corações e prepara-nos para nos submetermos a Ele e para receber Seu trabalho divino em nós. Deus espera por encher-nos com Seu Espírito. Somente Deus o fará. Ler e meditar sobre o assunto, ansiar por ele, e mesmo consagrar-nos e lançar mão da verdade de que o Espírito deseja habitar em nós – tudo isto tem

O Espírito de Cristo

seu lugar, mas não traz a bênção. Precisamos de um coração de fé no Deus vivo e, nesta fé, habitar n'Ele, esperar n'Ele, e adorá-lO. Em íntima comunhão com Deus, a resposta virá; o Espírito Santo será dado em plena medida.

Assumindo uma posição de fé, devemos permanecer nela. Temos o Espírito, sejamos agora cheios com Ele. Quando pensamos sobre alguma manifestação do Espírito em que uma necessidade foi revelada, ou vamos à Palavra de Deus para sermos guiados, dentro da vontade de Deus a respeito de nossa vida no Espírito, seremos guardados naquela sensação de dependência a partir da qual aquela confiança infantil é formada e nutrida. Seremos preservados de uma vida de tensão e conflito, que frequentemente conduzem ao fracasso, porque na própria tentativa de servir a Deus no Espírito, ainda temos confiança na carne por causa de algo que realizamos, ou pensamos que realizamos. O novo fundamento das nossas vidas – quer meditando na Palavra, em oração silenciosa ou na adoração pública, em serviço a Deus ou aos homens – será a certeza que invalida qualquer outra: o Espírito Santo e a Sua liderança e inspiração pertencem àqueles que o pedem.

Tal fé não estará isenta de testes. Um dia estaremos cientes da liderança do Espírito e, outro dia, sentiremos como se Ele estivesse longe de nós. Este é o momento quando precisamos aprender que uma fé viva se regozija em um Deus vivo – mesmo quando os sentimentos contradigam. A vida de Cristo foi-nos dada por Sua morte e ressurreição e enche um vaso vazio. Recebemos a promessa do Espírito pela fé. À medida que nossa fé cresce, a presença do Espírito será mais plena e profunda. Cada nova revelação de Deus a Abraão tornou sua fé mais forte e a sua amizade com Deus mais íntima. Quando Deus aproximou-Se, Abraão sabia o que esperar; podia confiar em

Deus mesmo nos tempos de testes mais difíceis – mesmo quando lhe foi pedido que oferecesse seu único filho como um sacrifício. É a fé que espera cada dia pelo Deus vivo, a fé que, em prontidão sempre crescente, rende-se a Ele e recebe a promessa do Espírito.

Na presença de Deus, a fé foi despertada e fortalecida em Abraão e em outros santos do Antigo Testamento. Na presença de Jesus sobre a Terra, a incredulidade foi lançada fora, e a fé fraca tornou-se forte. Na presença do Glorificado, a fé recebeu a bênção do Pentecostes. O trono de Deus está acessível para nós em Cristo; é o trono de Deus e do Cordeiro: quando esperamos em humilde adoração e caminhamos em serviço de amor perante o trono, o rio da água da vida, que flui sob ele, fluirá para dentro de nós e, através de nós, para outros.

Bendito Deus, que por Teu divino amor e poder revela-Te a cada um de Teus filhos aumenta, dentro de nós, a fé pela qual podemos conhecer-Te. Quer Tu venhas como o Todo-Poderoso, o Redentor, ou o Espírito de habitação, é a fé que Tu procuras, e mediante a fé nós recebemos. Ó Pai, convença-nos que a nossa medida do Espírito é exatamente a nossa medida de fé!

É a Tua presença que desperta fé na alma rendida a Ti. Achega-nos à Tua santa presença e guarda-nos ali. Livra-nos da fascinação do mundo e da carne de modo tal que a Tua glória seja nosso desejo todo-consumidor. Ansiamos tomar as Tuas palavras e permiti-las habitar ricamente em nós. Desejamos um repouso de alma perante Ti, que confia e crê que Tens dado a nós o Teu Espírito. Permita que vivamos a vida da fé, crendo na obra do Teu Santo Espírito. Amém.

O Espírito de Cristo   **255**

RESUMO

1. Fé é a única atitude (ou obra) que agrada a Deus. Em toda adoração e trabalho, que é aceitável a Deus em Cristo Jesus, é a fé que recebe o testemunho de que somos agradáveis a Ele. Isto é assim porque a fé vai além do ego, dá glória somente a Deus, olha apenas para o Filho e é receptiva ao Espírito. Fé não é somente a convicção positiva que a Palavra ou as promessas de Deus são verdadeiras; pode haver esta mesma confiança através do poder da carne. Fé é o órgão espiritual da alma através do qual espera no Deus vivo, dá ouvidos a Ele, apropria-se de Suas palavras e tem comunhão com Ele. Quando este hábito da alma é cultivado, quando vivemos toda nossa vida pela fé é que o Espírito pode entrar plenamente e fluir livremente para outros.

2. O Espírito é chamado de semente incorruptível (1 Pd 1:23) porque Ele é introduzido na alma com a Palavra. A Palavra é a semente material, mas o Espírito é a semente espiritual.

3. Você anseia que o poder do Espírito Santo o conserve olhando para Jesus, para revelá-lO como o sempre presente Salvador do pecado? Comece a cada dia com um ato calmo de meditação e fé. Em confiança, volte-se para o seu interior, não para ver a obra que o Espírito Santo faz, mas para render o seu espírito a Ele que habita em secreto. Diga com humildade: "Tenho dentro mim, pequena e oculta, a semente do reino, a semente da vida eterna. Encontrei a semente da palavra viva, a semente de Deus, dentro de mim". Curve-se perante Deus em santo temor porque Ele opera em você, e permita que a fé se mantenha perante Ele para tornar-se confiante e consciente do fato de que o Espírito Santo está dentro de você.

4. A Sua semente habita em nós para guardar-nos do pecado. Saia para sua vida cotidiana na força da fé que o Espírito Santo habita interiormente e que o Pai concederá que Ele opere efetivamente para

guardá-lo do pecado. Faça frequentes pausas para autorreflexão, permitindo ao Espírito lembrá-lo que você é o templo de Deus.

5. Quando cristãos individuais entram nesta vida de fé e nela andam, haverá poder para orar para que o Espírito venha em poder sobre toda carne.

28

ANDANDO NO ESPÍRITO

*Digo, porém: Andai no Espírito e jamais
satisfareis à concupiscência da carne.
E os que são de Cristo Jesus crucificaram a carne,
com as suas paixões e concupiscências.
Se vivemos no Espírito, andemos também no Espírito.*
Gálatas 5:16, 24-25

"Se vivemos no Espírito, andemos também no Espírito." Estas palavras sugerem claramente a nós a diferença entre a vida cristã carnal e a espiritual. Na primeira o cristão pode se contentar em viver no Espírito, no sentido de que ele possui o Espírito em virtude de sua salvação; ele está satisfeito com o fato de conhecer que possui a vida nova, mas ele não anda no Espírito. O que é um seguidor espiritual, ao contrário, não está contente a menos que todo o seu andar e falar estejam no poder do Espírito. Ele anda no Espírito e assim não satisfaz as cobiças da carne porque ele é cheio com o Espírito.

Quando o cristão luta para andar dignamente com Deus e ser agradável a Ele em tudo, ele frequentemente é perturbado profundamente pelo poder do pecado ainda evidente, e busca a causa pela qual ele tão frequentemente falha em vencê-lo. Ele normalmente sente que é devido à sua falta de fé ou fidelidade, sua fraqueza natural, ou o poder de Satanás. Mas ele não consegue descansar nestas conclusões. Seria melhor prosseguir na descoberta da razão mais profunda pela qual todas estas coisas, das quais Cristo assegurou-nos libertação, ainda podem vencer-nos. Um dos mais profundos segredos da vida cristã é o conhecimento de que o poder que detém a liderança do Espírito é nossa própria carne. Aquele que sabe o que é a carne e como ela opera e como se deve lidar com ela, será o vencedor.

Sabemos que foi por causa da ignorância deste fato que os gálatas falharam tão miseravelmente. Foi isto que os levou a tentar aperfeiçoar na carne o que começou no Espírito (Gl 3:3). Foi isto que os fez presa daqueles que queriam "ostentar-se na carne" para que pudessem "se gloriar na vossa carne" (Gl 6:12-13). Eles não sabiam quão incorrigivelmente corrupta era a carne. Eles não sabiam que nossa natureza é tão pecaminosa quando está cumprindo suas próprias cobiças, quando está "ostentando-se na carne", como quando se entrega ao serviço de Deus e tenta aperfeiçoar o que o Espírito começou. Porque os gálatas não estavam conscientes desta possibilidade, eram incapazes de detectar em suas paixões e cobiças; foi isto que obteve vitória sobre eles, de modo que eles faziam o que não queriam fazer. Eles não sabiam que tanto quanto a carne, se o

O *Espírito de Cristo*

esforço próprio e a vontade própria tivessem qualquer influência no serviço a Deus, ela permaneceria forte para o serviço do pecado, e que o único modo de torna-la ineficaz para fazer o mal seria torna-la ineficaz em suas tentativas de fazer o bem!

É a fim de revelar a verdade de Deus concernente à carne, tanto em seu serviço a Deus quanto ao pecado, que esta epístola foi escrita. Paulo queria ensiná-los que apenas o Espírito é o poder da vida cristã, e que este poder não pode ser eficaz a menos que a carne seja totalmente negada e posta de lado. Ao responder a pergunta de como pode ser isto, ele dá a maravilhosa resposta que é um dos pensamentos centrais da revelação de Deus. A crucificação e a morte de Cristo revelam não somente a expiação pelo pecado, mas também o poder que liberta do domínio do pecado que está radicado na carne.

Quando Paulo, no meio de seu ensino sobre o andar no Espírito, nos diz: "E os que são de Cristo Jesus crucificaram a carne, com as suas paixões e concupiscências" (Gl 5:24), ele está nos apontando o único caminho pelo qual o livramento da carne é obtido. Entender estas palavras, "crucificaram a carne", e experimentá-las, é o segredo do andar não segundo a carne, mas segundo o Espírito. Que cada um que anseia andar pelo Espírito busque captar o significado delas.

Nas Escrituras, "a carne" significa toda a nossa natureza humana em sua presente condição sob o poder do pecado. Isto inclui todo nosso ser – espírito, alma e corpo. Após a queda, Deus disse do homem, "ele é carnal" (Gn 6:3). Todos os seus poderes, intelecto, emoções e vontade estão sob o poder da carne. As Escrituras falam da vontade da carne, da mente da carne, das paixões e cobiças da carne. Elas dizem que em nossa carne não habita bem algum. A mente da carne está em inimizade contra Deus. Sobre esta base ele ensina que nada que seja da carne, nada que a mente ou a vontade da carne pensa ou faz, não importa o quão justo isto aparente ser, e nem quanto os homens possam se gloriar nisto, nada disto pode ter qualquer valor à vista de Deus. Isto nos adverte que nosso maior perigo no andar cristão, a causa de nosso fracasso e fraqueza, é o nosso confiar na carne, em sua sabedoria e suas obras. Isto nos diz que para ser agradável a Deus, esta carne com sua vontade e esforços próprios deve ser inteiramente abandonada a fim de dar lugar para a vontade e obra de outro, o Espírito de Deus. O único caminho para ser liberto do poder da carne é crucificá-la.

"Aqueles que são de Cristo Jesus crucificaram a carne". A tendência é falar do crucificar a carne como algo que deva ser feito. As Escrituras falam disto como algo que já foi feito: "... sabendo isto: que foi crucificado com ele o nosso velho homem, para que o corpo do pecado seja destruído, e não sirvamos o pecado como escravos..." (Rm 6:6). "Estou crucificado com Cristo; logo, já não sou eu quem vive, mas Cristo vive em mim..." (Gl 2:19-20). Aqueles que são de Cristo crucificaram a carne. Este é um fato cumprido na cruz de nosso Senhor Jesus Cristo. Através dela o mundo foi crucificado para mim e eu para o mundo.

O que Cristo fez pelo Espírito eterno na cruz, Ele o fez não como um indivíduo, mas em nome da natureza humana, a qual, como sua Cabeça, Ele tomou sobre Si. Cada pessoa que aceita Cristo recebe-O como o crucificado – não apenas o mérito, mas o poder de Sua crucificação – e é unido e identificado com Ele. Aqueles que são de Cristo Jesus, em virtude de terem aceitado o Cristo crucificado como sua vida, desistiram de sua carne na cruz.

Alguns ainda perguntam: "O que quer dizer crucificaram a carne?". Alguns se contentam com a verdade geral de que a cruz tira a maldição que estava sobre a carne. Outros pensam que eles devem provocar dores e sofrimentos para a carne; devem negá-la e mortificá-la. Outros pensam a respeito da influência moral que o pensamento da cruz comunicará. Em cada uma destas visões há um elemento de verdade. Mas se eles deverão se realizar em poder, devemos ir ao pensamento central: crucificar a carne é entrega-la à maldição. A cruz e a maldição são inseparáveis (Dt 21:23; Gl 3:13). Dizer "nosso velho homem foi crucificado com Ele, fui crucificado com Cristo" é uma declaração muito séria. Significa que confesso que minha velha natureza, meu ego, merece a maldição e que não há nenhuma maneira de me desembaraçar dela senão pela morte. Voluntariamente eu a entrego à morte. Aceitei como minha vida o Cristo que veio para entregar-Se, Sua carne, à maldição da morte de cruz – que recebeu a Sua nova vida somente por causa daquela morte e pela virtude dela. Entrego meu velho homem, minha carne, ego, com sua vontade e obra, como algo pecaminoso e maldito, à cruz. Está cravada ali. Em Cristo estou morto para ela e liberto dela.

O poder desta verdade é dependente de que seja conhecida, aceita, e de que se atue com base nela. Se eu apenas conheço a cruz como substituição, mas não como Paulo que se gloriava nela – na comunhão dela (Gl 6:14), eu nunca experimentarei seu poder para santificar. Quando a bendita verdade de sua comunhão raia sobre mim, vejo como pela fé posso entrar e viver em comunhão espiritual com Jesus que, como meu cabeça e líder, proveu a cruz como o único caminho para o trono e provou-a deste modo. Esta união espiritual, mantida pela fé, torna-se uma união moral. Tenho a mesma mente ou disposição que houve em Cristo. Considero a carne como pecaminosa e adequada somente para a morte. Aceito a cruz com sua morte para o que é carne, assegurada para mim em Jesus, como o único caminho para ser liberto do poder do ego e para andar em novidade de vida pelo Espírito.

O fato de a fé no poder da cruz ser uma revelação e ao mesmo tempo a remoção da maldição e do poder da carne é uma verdade muito simples ainda que profunda. Eu começo a entender que no viver pelo Espírito há o perigo do render-se à carne ou ao ego em minha tentativa de servir a Deus. Isto torna a cruz de Cristo ineficaz (1 Co 1:17; Gl 3:3; 5:12-13; Fp 3:3-4; Cl 2:18-23). Agora vejo como tudo o que é do homem e da natureza, da lei e do esforço humano, foi para sempre julgado por Deus no Calvário. Ali a carne provou que com toda a sua sabedoria e toda a sua "religião", odiou e rejeitou o Filho de Deus. Ali Deus provou que o único caminho para ser liberto da carne é entrega-la à morte como algo amaldiçoado. Começo a entender que preciso ver a carne como Deus a vê; aceitar a sentença de morte que a cruz decreta para tudo em mim que seja da carne; olhar para ela e para tudo que provém dela como algo maldito.

Quando este hábito da alma cresce em mim, aprendo a nada temer mais do que a mim mesmo. Tremo perante o pensamento de permitir que a carne, minha mente e vontade naturais, usurpe o lugar do Espírito Santo! Toda minha atitude em relação a Cristo é aquela de humilde temor, consciente de que tenho dentro de mim aquela coisa amaldiçoada que está sempre pronta, como um anjo de luz, para introduzir-se no Santo dos Santos e desviar-me para servir a Deus não no Espírito, mas sim no poder da carne. É neste temor humilde que o crente é ensinado a crer plenamente não só na necessidade, mas também na provisão do Espírito Santo para tomar totalmente o lugar que a carne antes possuía e diariamente gloriar-se na cruz, da qual ele pode dizer, "pela qual eu estou crucificado para o mundo".

O Espírito de Cristo

Frequentemente buscamos a causa do fracasso na vida cristã. Pensamos que porque estamos claros naquilo que os gálatas não entendiam – justificação somente pela fé – o perigo deles não pode ser nosso também. Ah, se soubéssemos o quanto permitimos que a carne opere em nossa caminhada cristã! Oremos pela graça de Deus para conhecê-la como nossa inimiga mais implacável e como inimiga de Cristo. A graça não significa somente o perdão do pecado, significa o poder de uma nova vida através do Espírito Santo. Concordemos com aquilo que Deus diz da carne e de tudo o que vem dela: que é pecaminosa, condenada, amaldiçoada.

Não temamos nada mais que as obras ocultas da nossa própria carne. Aceitemos o ensino da Palavra de Deus: "Porque eu sei que em mim, isto é, na minha carne, não habita bem nenhum, pois o querer o bem está em mim; não, porém, o efetuá-lo" (Rm 7:18). Peçamos a Deus que nos mostre até que ponto o Espírito deve nos possuir se desejamos agradá-lO em todas as coisas. Creiamos que conforme nos gloriamos diariamente na cruz, e em oração e obediência entregamos a carne à morte da cruz, Cristo aceitará nossa rendição e por Seu divino poder manterá em nós a vida do Espírito. Devemos aprender não somente a viver em Espírito, mas como aqueles que foram libertos do poder da carne andar pelo Espírito em nossas vidas diárias.

Amado Deus, suplico-Te que me reveles o pleno significado do que Tua Palavra tem me ensinado, que é como quem crucificou a carne com suas paixões e cobiças que posso andar no Espírito.

Ensina-me, Pai, a ver que tudo que é da natureza e do eu é da carne, que a carne foi provada por Ti e achada em falta, merecedora de nada exceto a maldição e morte. *Ensina-me que meu Senhor Jesus mostrou o caminho e reconheceu a justiça desta maldição, para que eu também deseje e tenha forças para entregá-la à cruz como coisa maldita. Dá-me graça dia a dia, para que eu não permita que a carne interfira na obra do Espírito e O entristeça. E ensina-me que o Espírito Santo foi dado para ser a vida da minha vida e preencher todo o meu ser com o poder da morte e da vida do meu bendito Senhor.*

Senhor Jesus, que enviaste Teu Espírito Santo para assegurar o desfrute ininterrupto de Tua presença e Teu poder salvador dentro de nós, eu me rendo para ser completamente Teu, para viver totalmente e somente sob a liderança d'Ele. Desejo com todo o meu coração considerar a carne como crucificada e maldita. Solenemente consinto em viver como um crucificado. Salvador, aceitaste minha rendição; confio em Ti para me manter andando no Espírito neste dia. Amém.

O Espírito de Cristo

265

RESUMO

1. O poder da vida de Cristo não pode operar em mim à parte do poder de Sua morte. Somente Sua morte pode lidar efetivamente com a carne, com o eu, com a vida natural, para abrir caminho para a nova vida do Espírito Santo. Devemos orar para vermos o quão completamente a carne deve morrer, como realmente e inteiramente o Espírito deve lançar fora nossa vida do eu para que Ele revele em nós a vida de Cristo.

2. Muitos dirão que chamar a carne, o homem natural, a vida do eu, de coisa maldita é um tanto quanto pesado. É fácil cercar a cruz de flores e dizer mil coisas bonitas sobre ela. Mas o que Deus diz sobre ela é isto: a cruz é uma maldição. O Filho de Deus na cruz "foi feito maldição". Se a minha carne é crucificada, só pode ser porque ela é maldita. É um bendito momento na vida de uma pessoa quando ela entende que coisa maldita é o pecado. É ainda mais bendito, e pode produzir uma humilhação mais profunda, quando Deus mostra a alguém o quanto ele acalentou a carne, e por causa dela entristeceu o Espírito Santo de Deus.

3. A carne e o Espírito são os dois poderes. Sob o governo de um ou de outro toda atitude é tomada. Que nossos passos sejam segundo o Espírito.

4. A morte de Cristo levou à glória, onde Ele recebeu e enviou o Espírito Santo. É na vida em que a morte para a carne é o princípio governante que o poder do Espírito pode ser revelado.

5. A igreja, andando no temor do Senhor e no conforto do Espírito Santo, foi multiplicada. Um profundo, humilde temor da santa presença dentro dela, um temor de ouvir ao eu em vez de a Ele, é o segredo de andar no conforto do Espírito Santo.

29

O Espírito do Amor

Mas o fruto do Espírito é: amor...

Gálatas 5:22

*Rogo-vos, pois, irmãos, por nosso
Senhor Jesus Cristo e também pelo
amor do Espírito, que luteis juntamente
comigo nas orações a Deus a meu favor...*

Romanos 15:30

*... o qual também nos relatou
do vosso amor no Espírito.*

Colossenses 1:8

Nosso assunto neste capítulo nos leva ao centro do interior do santuário. Estamos falando do amor do Espírito. Aprenderemos que o amor não é somente o fruto do Espírito do qual todos os outros vêm, mas o Espírito é nada menos que o próprio amor divino que desceu para habitar em nós, e que *temos tanto do Espírito quanto temos amor*.

Deus é Espírito; Deus é amor. Nessas duas frases temos a única tentativa que as Escrituras fazem de nos dar, em linguagem humana, o que pode ser chamado de uma definição de Deus (a terceira expressão do mesmo tipo – Deus é luz – é figurativa). Como Espírito, Ele tem vida em Si mesmo, é independente de tudo ao Seu redor, e tem poder para entrar em todas as coisas, para penetrá-las com Sua própria vida, comunicar a Si mesmo a elas. É através do Espírito que Deus é o Pai dos espíritos, que Ele é o Deus da criação, o Deus e redentor dos homens. Todas as coisas devem sua vida ao Espírito de Deus. E assim é porque Deus é amor.

Dentro de Si Ele é amor, conforme se vê por ter dado o Pai tudo o que tem para o Filho, e o Filho buscando tudo o que tem no Pai. Nessa vida de amor entre o Pai e o Filho, o Espírito é o vínculo de comunhão. O Pai é o amante, a fonte; o Filho o amado, o grande reservatório do amor, sempre recebendo e devolvendo; e o Espírito é o amor vivo que Os torna um. N'Ele a divina vida de amor tem seu fluxo incessante, até mesmo transbordante. O mesmo amor com o qual o Pai ama o Filho pode ser nosso.

É através do Espírito que este amor de Deus é revelado e comunicado a nós. Foi o Espírito quem conduziu a Jesus em Sua obra de amor para a qual Ele foi ungido – pregar boas novas aos quebrantados e libertação aos cativos. No amor e poder do mesmo Espírito,

O Espírito de Cristo

Jesus se ofereceu como sacrifício por nós. O Espírito vem prodigamente sobre nós com o amor de Deus. O Espírito *é* o amor de Deus.

Quando o Espírito Santo entra em nós, Sua primeira tarefa é derramar em nossos corações o amor de Deus. O que Ele dá é não somente a fé ou a experiência do quanto Deus nos ama, mas algo infinitamente mais glorioso. O amor de Deus entra em nossos corações como uma existência espiritual, um poder vivo. O transbordamento do Espírito é a inundação do amor. Este amor possui os nossos corações – o mesmo amor com o qual Deus ama todos os Seus filhos; o amor que transborda para todo o mundo está dentro de nós. O Espírito é a vida do amor de Deus; o Espírito em nós é o amor de Deus tomando residência dentro de nós.

Tal é a relação entre o Espírito e o amor de Deus. Consideremos agora a relação entre o nosso espírito e o amor. Devemos novamente aqui nos lembrar do que foi dito da natureza tripla do homem: corpo, alma e espírito – estabelecida na criação e deformada na queda. Vimos como a alma, como o local da autoconsciência, deveria estar sujeita ao espírito, o local da consciência divina. O pecado é simplesmente autoafirmação – a alma recusando o governo do espírito para satisfazer a si mesma na luxúria do corpo. O fruto do pecado é que o eu subiu ao trono da alma para ali governar em lugar de Deus.

O egocentrismo tornou-se o poder governante na vida do homem. O eu que negou a Deus o Seu direito, ao mesmo tempo negou aos outros o que lhes era devido, e a terrível história do pecado no mundo é simplesmente a história da origem, crescimento, poder e reinado do eu. É somente quando a ordem original é restaurada, quando a alma dá ao espírito a preeminência que o egoísmo será derrotado e amor pelos outros fluirá do nosso amor por Deus. Em outras palavras, conforme o espírito renovado se torna a residência do Espírito de Deus, e conforme o homem regenerado se rende ao controle do Espírito, o amor novamente se tornará a motivação de sua vida. Para todos os discípulos o Mestre diz: "Se alguém quer vir após mim, a si mesmo se negue, tome a sua cruz e siga-me" (Mt 16:24). Muitos procuraram em vão seguir a Jesus, mas não puderam porque negligenciaram o que é indispensável: negar a si mesmo. O eu não pode seguir a Jesus porque não pode amar como Ele ama.

Se entendermos isso, estaremos preparados para admitir a alegação que Jesus faz, *e que o mundo faz*, de que a prova do discipulado é o *amor*. A mudança pela qual passamos é tão divina, a libertação do poder do eu e do pecado tão completa, que o cumprimento da lei — amor — deve ser o transbordar natural da nova vida de todo crente. Se não é assim, isto somente prova o quão pouco entendemos nosso chamado para andar no Espírito. Demonstrações de egoísmo, temperamentos inflamados, julgamentos duros, palavras ásperas, falta de paciência e gentileza são simplesmente provas de que ainda não entendemos o que significa ser cheios do Espírito de Cristo. Ainda somos carnais e não espirituais.

Assim foi com os coríntios. Neles vemos o notável fenômeno de uma igreja enriquecida em tudo por Ele em toda eloquência e todo conhecimento, e mesmo o testemunho de Cristo foi confirmado neles, de forma que não lhes faltava nenhum dom, e ainda assim tão obviamente lhes faltava amor (veja 1 Coríntios 1:5-7). O triste espetáculo nos ensina como, sob o primeiro mover do Espírito Santo, os poderes naturais da alma podem ser grandemente afetados sem que o eu esteja plenamente rendido. Assim, o fruto do Espírito

O Espírito de Cristo

pode ser visto mesmo quando o amor ainda está ausente. Isso mostra que não é suficiente que o Espírito tome conta destes talentos da alma e os induza à ação. Algo mais é necessário. Ele penetrou na alma para que através dela possa obter uma influência firme e coesa tanto na alma quanto no espírito – sendo deposto o eu, Deus pode reinar. O sinal de que o eu foi deposto e de que Deus reina será o amor.

O estado dos gálatas não era muito diferente, e para eles as palavras "o fruto do Espírito é amor" foram endereçadas. Apesar do erro deles não ser igual ao dos coríntios – ostentar os dons e o conhecimento, mas confiar em observâncias e ordenanças carnais – o resultado em ambos foi o mesmo: o domínio pleno do Espírito não foi permitido, e assim a carne governou sobre eles, causando amargura, inveja e inimizade. Ainda hoje o governo da carne pode ser encontrado em muito daquilo que leva o nome de igreja cristã. Por um lado, há o confiar em dons e conhecimento, doutrina sã e trabalho sério; por outro, a satisfação na formalidade e no serviço deixa a carne em pleno vigor, e assim o Espírito não tem liberdade de operar. Uma igreja ou um cristão que professa ter o Espírito Santo deve prova-lo demonstrando um amor conforme o de Cristo.

Temos o amor de Deus ao nosso alcance; ele habita dentro de nós. Desde o dia em que, crendo, fomos selados com o Espírito Santo, o amor de Deus foi amplamente derramado em nossos corações. Apesar de que possa haver pequenas manifestações visíveis dele em nossas vidas, e apesar de que podemos nem sempre senti-lo, ele está lá. O amor de Deus entrou em nossos corações pelo Espírito Santo; os dois não podem ser separados. Se desejamos agora entrar na experiência dessa bênção, devemos começar por uma fé muito simples no que a Palavra diz. A Palavra é inspirada pelo Espírito, o veículo divinamente preparado através do qual o Espírito revela quem Ele é e o que Ele faz. Conforme recebemos a Palavra como verdade divina, o Espírito a torna verdade em nós. Confirmemos que o Espírito Santo, nosso portador do amor de Deus, está em nossos corações desde que nos tornamos filhos de Deus. Se o véu da carne não for rasgado em nós, o derramamento e poder desse amor será fraco e oculto da nossa consciência. Creiamos que Ele habita em nós para revelar o amor de Deus.

Na fé de que o Espírito de amor está em nós, olhemos para o Pai em diligente oração para rogar pela Sua obra em nosso ser interior, para que sejamos radicados e alicerçados em amor. Conforme vem a resposta, o Espírito nos revelará o amor de Deus – o amor do Pai para Cristo, o amor de Cristo para nós. Através do mesmo Espírito este amor retorna para a sua fonte como o nosso amor a Deus e a Cristo. Porque o Espírito revela o mesmo amor para todos os filhos de Deus, nossa experiência de sua vinda de Deus ou retorno a Deus é igual ao nosso amor pelos irmãos. Como a chuva descendo do céu, fluindo para fontes e correntes, e subindo ao céu novamente, assim é o amor de Deus – Seu amor a nós, nosso amor a Ele, nosso amor aos irmãos. O amor de Deus está dentro de você pelo Espírito Santo. Creia nisso, regozije-se nisso, e prove que o Espírito de Deus é o amor de Deus.

Bendito Senhor Jesus, inclino-me ante a Ti como a encarnação do Amor. O amor do Pai nos deu a Ti. Tua vinda foi uma missão de amor. Toda a Tua vida foi amor, e tua morte o seu divino selo. O novo mandamento que deste a Teus discípulos foi amor. Tua oração perante o trono é que Teus discípulos fossem um como Tu és um com o Pai, e que Seu amor esteja neles. A característica primária da semelhança contigo que Tu anseias ver em nós é o amor. A prova irresistível para o mundo de Tua divina missão será o amor de Teus discípulos uns pelos outros. E o Espírito que vem de Ti para nós é o Espírito de Teu amor sacrificial, ensinando a Teus santos a viver e morrer por outros assim como Tu o fizeste.

Santo Senhor, olhai por Tua Igreja, por nosso coração. Onde quer que vejas que falta amor como o Teu, livra os Teus santos de tudo o que é egoísmo e falta de amor. Ensina-os a render o eu, que não pode amar, à maldição da cruz — para receber o destino que merece. Ensina-nos a crer que podemos amar porque o Espírito Santo foi dado a nós. Ensina-nos a começar a amar e servir, sacrificar o eu e viver por outros, que o amor em ação possa conhecer seu poder, possa ser aumentado e aperfeiçoado. Ensina-nos a crer que porque vives em nós, Teu amor está em nós, e podemos amar como o fizeste. Senhor Jesus, amor de Deus, Teu próprio Espírito está em nós; que Ele irrompa e preencha toda a nossa vida com amor! Amém.

Resumo

1. O caminho pelo qual o Espírito opera a graça no crente é incitá-los agir de acordo com ela. O Espírito de Deus não opera efetivamente o amor ou dá força para amar até que passemos a agir de acordo com isso, porque toda graça interior é discernida por seus atos como a semente no chão é por seu crescimento. Não podemos ver ou sentir nada semelhante ao amor a Deus ou aos homens em nossos corações antes de agir de acordo com ele. Não conhecemos nossa força espiritual exceto quando a usamos e exercitamos.

2. O amor de Deus, a fonte da qual flui o amor aos homens, foi derramado em nossos corações através do Espírito Santo que nos foi dado. O amor está lá, mas podemos permanecer ignorantes dele a menos que comecemos a crer que temos o poder de obedecer ao mandamento e amar a Deus e aos homens de todo o nosso coração. Fé e obediência sempre precedem o desfrute consciente e experiência do poder do Espírito. Como Deus é amor para você, mostre amor a todos ao seu redor.

3. Procuremos manter os dois lados da verdade em harmonia. Por um lado, esperar em Deus pelo avivamento de sua fé e consciência de que o Espírito Santo de amor habita em você. Por outro lado, entregar-se, independentemente dos sentimentos, a uma obediência de todo o coração ao mandamento de amor e praticar em sua vida a gentileza e paciência, bondade e cooperativismo, autossacrifício e benevolência de Cristo Jesus. Viva no amor de Jesus e será um mensageiro do Seu amor a todos que conhecer, e a todos que não O conhecem. Quanto mais íntima sua comunhão com Jesus, e quanto mais a vida do céu é dada pelo Espírito Santo, mais precisa será a sua tradução dessa vida nos relacionamentos da vida diária.

O Espírito de Cristo

4. Nenhum homem via a Deus em tempo algum, mas conforme amamos uns aos outros, Deus habita em nós. A compensação por não ver a Deus com nossos olhos naturais é essa: temos uns aos outros para amar. Se fizermos isso, Deus habitará em nós. Não precisamos nos perguntar se nosso irmão é digno: o amor de Deus por nós e por ele é um amor aos indignos. É com este amor, o amor divino, que o Espírito Santo nos enche, ensinando-nos a amar com Ele ama.

A Unidade do Espírito

Rogo-vos, pois, eu, o prisioneiro no Senhor, que andeis de modo digno da vocação a que fostes chamados, com toda a humildade e mansidão, com longanimidade, suportando-vos uns aos outros em amor, esforçando-vos diligentemente por preservar a unidade do Espírito no vínculo da paz; há somente um corpo e um Espírito, como também fostes chamados numa só esperança da vossa vocação...

Efésios 4:1-4

Ora, os dons são diversos, mas o Espírito é o mesmo. (...) Mas um só e o mesmo Espírito realiza todas estas coisas, distribuindo-as como lhe apraz, a cada um, individualmente. (...) Pois, em um só Espírito, todos nós fomos batizados em um corpo, quer judeus,

quer gregos, quer escravos, quer livres.
E a todos nós foi dado beber de um só Espírito.

1 Coríntios 12:4, 11, 13

Sabemos como, nos primeiros três capítulos de Efésios, Paulo apresenta a glória de Cristo Jesus como cabeça da Igreja e a glória da graça de Deus na Igreja como o corpo de Cristo habitado pelo Espírito Santo, transformando-se em um templo de Deus através do Espírito e destinada a ser cheia com toda a plenitude de Deus. Havendo assim elevado o crente à sua vida oculta em Cristo, Paulo desce novamente com ele ao nível de sua vida terrena, e na segunda metade da epístola o ensina a andar de maneira digna de sua vocação.

A primeira lição que ele ensina com respeito a esta vida e caminhar na Terra se baseia na verdade fundamental de que o Espírito Santo o uniu não somente a Cristo como nosso cabeça no céu, mas também ao corpo de Cristo na Terra — a Igreja. O Espírito habita no corpo de Cristo, com cada um de seus membros, e o ministério pleno e saudável do Espírito só pode ser encontrado onde existe um relacionamento correto entre o indivíduo e todo o corpo. Sua primeira preocupação neste santo caminhar, portanto, deve ser empenhar-se para manter a unidade do Espírito. Se esta unidade do Espírito no corpo estiver plenamente funcional, as principais virtudes da vida cristã serão humildade e mansidão, nas quais cada um negará a si mesmo pelo bem de outros e suportará um ao outro em amor mesmo em meio a diferenças e deficiências. Assim o novo mandamento seria observado, e o Espírito de Cristo — o Espírito de amor — sacrificando a Si mesmo por outros, teria a liberdade para realizar Sua bendita obra.

O Espírito de Cristo

A necessidade desse ensino é notavelmente ilustrada pela primeira epístola aos coríntios. Na igreja de Corinto havia abundantes manifestações das obras do Espírito Santo. Os dons do Espírito eram impressionantemente manifestos, mas os frutos do Espírito estavam claramente ausentes. Eles não entendiam que havia diversidade de dons, mas o mesmo Espírito; que em meio às diferenças, um e o mesmo Espírito distribui a cada um individualmente como Ele quer; que todos foram batizados em um Espírito, em um corpo, e todos feitos participantes do mesmo Espírito. Eles não conheciam o caminho excelente – que o primeiro fruto de todos os frutos do Espírito é o amor que não procura o que é seu e encontra sua felicidade em servir a outros.

Para cada crente que deseja se render plenamente à liderança do Espírito assim como para a Igreja como um todo, a *unidade do Espírito* é uma verdade cheia de bênçãos ricas e espirituais. Um pastor que eu conheci sempre dizia: "Tenha uma profunda reverência pela obra do Espírito Santo em você". Esta declaração necessita como complemento uma segunda: tenha uma profunda reverência pela obra do Espírito Santo em seu irmão ou irmã em Cristo. Isso não é algo fácil – mesmo cristãos avançados em outros aspectos frequentemente falham aqui. E não é difícil descobrir o motivo.

Observa-se que a faculdade da discriminação – a constatação de diferenças – é uma das que se desenvolve mais cedo nas crianças. O poder de cooperação – a constatação de harmonia em meio à aparente diversidade – é uma faculdade que só aparece mais tarde. Esta lição apresenta seu exemplo mais impressionante na vida e Igreja cristãs. Não precisamos de muita ajuda para perceber que diferimos de outros cristãos ou igrejas, para contender por nossas visões ou para julgar seus erros de doutrina e conduta. Mas a graça de fato está presente quando, em meio a uma conduta que nos irrita ou entristece ou a ensinamentos que nos parecem ofensivos ou não escriturísticos, damos lugar ao Espírito e temos fé no poder do amor para manter a unidade em face da contenda e divisão.

Manter a unidade do Espírito. Este é o mandamento de Deus para todo crente. É o novo mandamento — amar uns aos outros — em uma nova forma, trazendo o amor de volta ao Espírito, pelo qual ele tem vida. Se você deseja obedecer ao mandamento, perceba cuidadosamente que ele se refere à unidade *do Espírito*. Há uma unidade de credos ou costumes, de assembleias ou escolhas, em que o vínculo é mais da carne que do Espírito. Se você quer manter a unidade do Espírito, lembre-se do seguinte:

Primeiro, saiba que o Espírito em você é o meio pelo qual a unidade encontra seu poder de ligação e vitória. Há muito em você que é do eu e da carne e que pode se sobressair numa unidade que é terrena, mas que irá prejudicar grandemente a unidade do Espírito. Confesse que não é pela sua própria força que você pode amar verdadeiramente; tudo o que vem de você mesmo é egoísta e não promove a unidade do Espírito. Humilhe-se pelo pensamento de que somente Deus em você é que pode se unir a algo que lhe parece desagradável. Seja grato pelo fato de que Ele está em você e que Ele pode conquistar o eu, e assim amar até mesmo quando pode parecer impossível.

Procure conhecer e apreciar o Espírito em seu irmão, com quem você deve se unir. Como em você, também nele há um início, uma semente oculta da vida divina, cercada por muito do que é ainda carnal — muitas vezes difícil e desagradável. Necessitamos de um coração humilhado pelo fato de que somos indignos, um coração amável e pronto para perdoar nosso irmão — porque isto fez Jesus na última noite: "o Espírito está pronto, mas a carne é fraca".

O *Espírito de Cristo*

Precisamos olhar persistentemente para aquilo que há em nosso irmão da imagem e do Espírito de Cristo. Estimá-lo não pelo que ele é em si mesmo, mas pelo que ele é em Cristo. Conforme você percebe que a mesma vida e Espírito que você tem devido à graça divina também estão nele, a unidade do Espírito irá triunfar sobre o preconceito e falta de amor que são da carne. O seu espírito reconhecendo o espírito do seu irmão irá vinculá-los na unidade do Espírito, que é do alto.

Mantenha esta unidade do Espírito ativa. O vínculo entre os membros do seu próprio corpo físico é viva e real, mantida pela circulação do sangue e da vida que ele carrega. "Em um Espírito fomos batizados em um só corpo. Há um só corpo e um só Espírito." A união interna da vida deve encontrar expressão e ser fortalecida na comunhão manifesta do amor. Empenhe-se, em todos os seus pensamentos e julgamentos acerca de outros cristãos, em exercer o amor que não pensa o mal. Nunca diga uma palavra cruel a um filho de Deus, nem a outros, por sinal. Ame a todos os crentes, não porque eles concordem com você ou lhe sejam agradáveis, mas por amor ao Espírito de Cristo que está nele.

Dedique-se particularmente ao amor e trabalho pelos filhos de Deus que estão ao seu alcance e que por ignorância, fraqueza ou desobediência não sabem que têm o Espírito ou que O estão entristecendo. A obra do Espírito é edificar uma habitação para Deus; renda-se ao Espírito em você para realizar esta obra. Reconheça a sua dependência da comunhão do Espírito em seu irmão, e a dependência dele de você, e procure crescer com ele na unidade do amor.

Faça sua parte na intercessão unida que se eleva a Deus pela unidade de Sua Igreja. Tome sobre si e dê continuidade à intercessão do grande Sumo Sacerdote por todos que creem para que sejam um.

A Igreja é uma na vida de Cristo e no amor do Espírito. Ela ainda não é uma na unidade manifesta do Espírito. Por isso a necessidade do mandamento: manter a unidade.

Peça a Deus pela poderosa obra do Seu Espírito em toda igreja e toda reunião de crentes. Quando a maré está baixa, cada pequena piscina ao longo da costa e seus habitantes estão isolados do resto por uma barreira rochosa. Conforme a maré sobe, as barreiras são inundadas, e todas se encontram em um grande oceano. Assim será com a Igreja de Cristo. Quando vier o Espírito de Deus, de acordo com a promessa — transbordando sobre a terra seca — cada um conhecerá o poder em si mesmo e nos outros, e o eu irá desaparecer conforme o Espírito é conhecido e honrado.

De que maneira esta maravilhosa mudança virá à tona e o tempo será abreviado até que se cumpra a oração: "... a fim de que todos sejam um; e como és tu, ó Pai, em mim e eu em ti, também sejam eles em nós; para que o mundo creia que tu me enviaste" (Jo 17:21)? Que cada um comece a perscrutar a si mesmo. Decida agora que esta será a marca da sua vida: possuir e conhecer o Espírito de Cristo, o Espírito de habitação. Se você deseja viver em harmonia com todos, Ele deve ter o controle de todo o seu ser. Ore para que o Pai lhe conceda, de acordo com as riquezas de Sua glória, ser fortalecido com poder pelo Seu Espírito no homem interior.

O Espírito de Cristo será em você a unção santa, o óleo da consagração, para separá-lo e equipá-lo para ser, como Cristo foi, um mensageiro do amor do Pai. Na humildade da vida diária, na paciência do amor em meio às diferenças e dificuldades na igreja, na empatia e autossacrifício que encontra e ajuda aqueles em necessidade, o Espírito em você provará que Ele pertence a todos os membros do corpo. Através de você o Seu amor alcança abençoadamente a todos ao seu redor.

Bendito Senhor Jesus, em Tua última noite na Terra Tua oração por Teus discípulos foi "que sejam um em Nós". Teu desejo era vê-los como um rebanho unido, ajuntado e mantido em Tuas mãos de amor. Senhor Jesus, agora Tu estás no trono e nós viemos a Ti com o mesmo pedido: guarda-nos, que sejamos um! Intercede por nós, nosso grande Sumo Sacerdote, para que possamos ser aperfeiçoados em um só corpo, para que o mundo reconheça que o Pai nos ama como amou a Ti.

Senhor, obrigado pelos sinais de que despertas em Tua Igreja o desejo pela manifestação ao mundo da unidade de Teu povo. Concede, oramos, para este fim, a poderosa obra do Teu Santo Espírito. Que cada crente conheça o Espírito que habita nele e em seu irmão, e em toda humildade e amor mantenha a unidade do Espírito com aqueles com quem entrar em contato. Que os líderes da Tua Igreja vejam a unidade do Espírito como mais forte do que qualquer vínculo humano. Que todos os que foram colocados no Senhor Jesus, sobre todas as coisas colocados no amor, sejam vinculados em perfeição.

Pedimos-Te que ajuntes o Teu povo em oração unida aos Teus pés, para que reveles Tua presença em todos. Enche-nos com Teu Espírito e seremos um. Amém.

Resumo

1. A saúde de cada membro, cada função, depende da saúde dos membros que o cercam. Ou o poder de cura do membro sadio expele aquilo que está comprometido, ou o membro comprometido espalhará sua doença por toda parte. Eu dependo mais do meu irmão do que posso perceber. Ele é mais dependente de mim do que pensa. O Espírito que possuo é o Espírito de Cristo, que também habita em meu irmão. Tudo o que recebo é destinado a ele também. Manter a unidade do Espírito em exercício ativo, viver em comunhão de amor com os crentes ao meu redor, é a vida no Espírito.

2. Que sejam aperfeiçoados num só corpo. Aproximamo-nos da perfeição conforme nos aproximamos da unidade. A perfeição é impossível num estado de separação. Minha vida não é plenamente dada a mim, mas uma parte dela é dada a meu irmão, e estará disponível para mim quando eu estiver em comunhão com ele.

3. Foram-lhe necessários tempo, oração e fé para conhecer o Espírito de Deus dentro de você; serão necessários tempo, oração, fé e muito amor para conhecer plenamente o Espírito de Deus em seu irmão.

4. É somente na unidade do corpo que o Espírito de Deus pode demonstrar plenamente Seu poder, seja na igreja ou para o mundo. Deus fala a grupos de maneiras que Ele jamais fala a indivíduos; geralmente há um tom mais pleno, um fervor mais intenso, na adoração pública que na particular, e como sabemos, há maior gozo na comunhão do que se pode perceber na mais devota solidão.

ENCHEI-VOS DO ESPÍRITO

*E não vos embriagueis com vinho, no qual há dissolução,
mas enchei-vos do Espírito; falando entre vós com salmos,
entoando e louvando de coração ao Senhor
com hinos e cânticos espirituais...*

Efésios 5:18-19

Estas palavras são um mandamento. Elas nos ensinam não somente como devem ser os apóstolos e ministros, mas qual deve ser a experiência consistente de todo cristão genuíno. É um privilégio que todo filho de Deus pode pedir a seu Pai – ser cheio do Espírito. Nada menos que isso irá capacitá-lo a viver a vida para a qual ele foi redimido: habitar em Cristo, guardar os Seus mandamentos e produzir fruto. Ainda assim, raramente este mandamento é contado entre aqueles que devem ser guardados a qualquer custo! Alguns até mesmo pensam que seja impossível ou pouco razoável que se espere que todos o cumpram.

Sem dúvida, uma razão é que estas palavras foram mal entendidas. Porque no dia de Pentecostes, e outras ocasiões subsequentes, o enchimento com o Espírito foi acompanhado de manifestações sobrenaturais, esta condição foi considerada inconsistente com a vida cristã normal. Estas manifestações, como o falar em línguas e as chamas de fogo, foram tão ligadas com a ideia de ser cheio do Espírito que muitas vezes se pensa que seja uma bênção possível apenas para uns poucos. Os cristãos sentem que não devem ter expectativas tão altas, mesmo que a bênção seja dada, seria impossível mantê-la.

A mensagem que eu gostaria de trazer a vocês, meus leitores, é que este mandamento é para todos os crentes e que a promessa e o poder são tão certos quanto a sua redenção. Que Deus nos de graça em nossa meditação em Sua Palavra não somente para desejar esta bênção, mas também para ter a certeza de que este privilégio é designado para todos nós, e que o caminho para ele não é tão difícil, e que o Espírito anseia em habitar no Seu povo.

Em países como a África do Sul, onde eu nasci e ministrei por muitos anos, frequentemente sofremos com a seca. Há dois tipos de represa ou reservatório feitos para conter e armazenar a água. Em algumas fazendas há uma fonte natural, mas a corrente muitas vezes é fraca demais para irrigar as plantações. Então, um reservatório é construído para coletar a água, e o seu enchimento é resultado do fluir silencioso e gentil da fonte dia e noite. Em outras áreas, as fazendas não possuem fontes naturais, e assim o reservatório é construído no leito de um córrego ou numa reentrância onde, quando a

O Espírito de Cristo **287**

chuva cai, a água pode ser coletada. Nestes locais, o enchimento do reservatório por uma chuva forte muitas vezes acontece em poucas horas e é acompanhado por uma correnteza ruidosa e violenta. O fluir silencioso da água na primeira fazenda na verdade é mais seguro, porque, apesar de sem ruído, o suprimento é estável e permanente. Em locais onde a chuva é escassa, um reservatório pode permanecer vazio por meses ou até mesmo anos.

Isso pode ser comparado à maneira pela qual vem a plenitude do Espírito. Assim como no dia de Pentecostes, alguns derramamentos do Espírito são manifestações repentinas, poderosas e estrondosas. Estas são como os reservatórios pluviais sendo cheios repentinamente. Em contraste, a silenciosa presença do Espírito quando uma alma se converte é estável e segura ainda que não seja tão facilmente identificada. A bênção é muitas vezes grandemente dependente da comunhão com os outros ou se estende somente às correntes superiores da vida da alma. O derramamento e enchimento repentinos, entretanto, podem ser superficiais, as profundezas da vontade e da vida interior podem não ser tocadas. Há outros que jamais estiveram presentes quando uma manifestação tão notável do Espírito ocorreu, mas em quem a plenitude do Espírito é vista em profunda devoção a Jesus, num caminhar na luz do Seu semblante e na consciência de Sua presença, ou na vida inculpável de simples confiança e obediência. São como Barnabé: um filho da consolação, um bom homem, e cheio do Espírito Santo. Como as fontes silenciosas, o Espírito flui e alimenta a alma continuamente.

Qual dessas é a verdadeira maneira de ser cheio do Espírito? A resposta é simples. Assim como existem fazendas com ambos os reservatórios mencionados, assim também há indivíduos nos quais se percebe o enchimento estável do Espírito, enquanto outros desfrutaram poderosas visitações do Espírito. O fluxo regular, silencioso e diário da fonte mantém a fazenda suprida em tempos de seca; em tempos de chuva, a que está equipada com grandes reservatórios está pronta para receber e armazenar grandes suprimentos de água. Benditos são aqueles que reconhecem a Deus em ambas e se mantêm prontos para ser abençoados por qualquer maneira em que Ele decida vir.

Quais são as condições para a plenitude do Espírito? A Palavra de Deus tem uma resposta – fé. É somente a fé que vê e recebe o invisível e que vê e recebe a Deus mesmo. A purificação do pecado e a rendição em amor à obediência, que foram as condições da primeira recepção do Espírito, são o fruto da fé que vê o que é o pecado, o que o sangue pode fazer, e o que a vontade e o amor de Deus são. Mas não estamos falando desta experiência aqui.

Esta palavra é para cristãos que foram fiéis em obedecer, mas ainda não receberam aquilo pelo que anseiam. Pela fé eles devem descobrir o que é que deve ser lançado fora. O enchimento requer primeiro um vaso vazio. E não falo aqui de purificação do pecado e rendição à plena obediência que são a salvação. Esse é o primeiro passo essencial. Mas falo a cristãos que pensam ter feito o que Deus requer e ainda assim não receberam a bênção da plenitude do Espírito. Lembre-se, a primeira condição do enchimento é o esvaziamento. O que é um reservatório, senão um grande espaço oco – um vazio – preparado, esperando, ansiando pela vinda da água? A verdadeira plenitude permanente do Espírito é precedida pelo esvaziamento. "Busquei a bênção diligente e persistentemente", disse alguém, "e me perguntei por que ela não vinha. Por fim descobri que era porque não havia espaço em meu coração para recebê-la".

Neste esvaziamento existem vários elementos envolvidos: uma profunda insatisfação com a "religião" que temos tido até agora. Uma

O Espírito de Cristo

289

profunda consciência do quanto tem havido da sabedoria e obra da carne. Uma descoberta, confissão e desistência de tudo o que é de governo próprio, em que o eu tem tido o controle, de tudo em que não temos considerado necessário que Jesus seja consultado e agradado. Uma profunda convicção da nossa inabilidade e incapacidade definitiva de compreender ou obter aquilo que foi oferecido. E finalmente uma rendição em pobreza de espírito esperando no Senhor por sua grande misericórdia e poder.

De acordo com as riquezas de Sua glória, Ele nos fortalecerá pelo Seu Espírito no homem interior. Necessitamos de um grande anseio, sede, espera e oração incessante para que o Pai cumpra a Sua promessa e tome posse completa de nós.

Juntamente com isso, precisamos da fé que aceita, recebe e mantém o dom. É pela fé em Cristo e no Pai que a divina plenitude fluirá para dentro de nós. Sobre os mesmo efésios a quem foi dado o mandamento "enchei-vos do Espírito", Paulo disse, "em Cristo, havendo crido, fostes selados com o Espírito Santo da promessa". O mandamento se refere ao que eles já haviam recebido. A fonte estava dentro deles, mas precisava ainda ser aberta. Ela iria então borbulhar e encher o seu ser. Ainda assim, isso não seria realizado em seu próprio poder. Jesus disse: "Quem crer em mim, como dizem as Escrituras, do seu interior fluirão rios de água viva" (Jo 7:38).

A plenitude do Espírito é tão verdadeiramente uma revelação de Jesus, que o recebimento d'Ele deve acontecer na continuidade inquebrável de uma comunhão viva. O fluir incessante da seiva d'Ele, a videira viva, deve ser conjugado a uma fé consistentemente humilde, para que a liberação dessa fonte interior resulte da nossa completa dependência de Jesus. Por nossa fé em Jesus – cujo batismo no Espírito tem um começo tão claro quanto tem a Sua purificação no sangue – experimentaremos uma contínua renovação em nossos próprios espíritos.

A fé em Jesus e o senso constante do Espírito não prescindem da fé no dom do Pai e intercessão por um cumprimento renovado da Sua promessa. Pelos efésios, que possuíam neles o Espírito como penhor de sua herança, Paulo ora ao Pai: "... para que, segundo a riqueza da sua glória, vos conceda que sejais fortalecidos com poder, mediante o seu Espírito no homem interior" (Ef 3:16). Os verbos não denotam uma obra, mas um ato – algo feito de uma vez por todas. A expressão "segundo a riqueza da sua glória" indica uma grande demonstração de poder e amor divinos. Eles possuíam o Espírito habitando neles. Paulo orou para que a intervenção direta do Pai lhes concedesse tal operação do Espírito, tamanha plenitude do Espírito, que a habitação de Cristo com Sua vida de amor que ultrapassa o entendimento fosse sua experiência pessoal.

No tempo do dilúvio, as janelas do céu e as fontes do abismo juntamente se abriram. O cumprimento da promessa do Espírito também é assim: "Porque derramarei água sobre o sedento e torrentes, sobre a terra seca; derramarei o meu Espírito sobre a tua posteridade e a minha bênção, sobre os teus descendentes" (Is 44:3). Quanto mais clara e mais profunda a nossa fé no Espírito de habitação, e mais simples nossa espera n'Ele, mais abundante será o derramamento renovado do Espírito do coração do Pai diretamente para o coração de Seu filho sedento.

Há outro aspecto no qual é essencial lembrarmos que esta plenitude vem pela fé. Deus ama revelar-se em um estado humilde e improvável, coberto de vestimentas de humildade, que Ele também espera que Seus filhos amem e vistam. "O reino dos céus é semelhante ao grão de mostarda": somente a fé pode conhecer a glória que há

O Espírito de Cristo 291

nessa pequenez. De maneira semelhante o Filho habitou na Terra e habita também o Espírito nos corações. Ele pede que creiamos n'Ele que não vemos ou sentimos nada.

Creia que a fonte que jorra e flui em correntes está dentro de você, mesmo quando tudo parece estar seco. Separe tempo para retirar-se nos aposentos interiores do seu coração, e de lá elevar louvores e oferecer adoração a Deus na certeza da presença interior do Espírito Santo. Separe tempo para estar em quietude e perceber Sua presença; deixe que o próprio Espírito preencha o seu espírito com esta maravilhosa verdade: Ele habita em você. Não nos pensamentos e sentimentos em primeiro lugar, mas na vida — mais profunda do que ver e sentir, ela é o Seu templo, Seu lugar oculto de habitação.

Assim que a fé percebe que possui aquilo de que precisa, ela pode suportar ser paciente e transbordar em ações de graças mesmo quando a carne murmuraria. A fé confia no Jesus invisível e no Espírito oculto. Ela pode acreditar naquela pequena e improvável semente. Ela pode confiar e dar glória a Ele que é capaz de fazer infinitamente mais do que aquilo que pedimos ou pensamos, e pode fortalecer o homem interior justamente quando tudo parece fraco e prestes a desmaiar.

Cristão, não espere que a plenitude do Espírito venha em uma forma elaborada por sua razão humana, mas como a vinda do Filho de Deus sem beleza ou formosura, de maneira louca à sabedoria humana. Espere a força divina em grande fraqueza; humilhe-se para receber a sabedoria divina que o Espírito ensina; anseie por ser nada, porque Deus escolhe "as coisas que não são para envergonhar as que são". Você aprenderá a não se gloriar na carne, mas no Senhor. Na profunda alegria de uma vida de obediência diária e simplicidade infantil, você conhecerá o que é ser cheio do Espírito.

Ó Deus, Tua plenitude de amor e glória é como um oceano sem fronteiras — infinito e inconcebível! Bendigo-Te porque ao revelares Teu Filho, agradou-Te que toda a plenitude de Deus habitasse n'Ele, que n'Ele víssemos essa plenitude em vida e fraqueza humanas. Bendigo-Te porque a Igreja d'Ele na Terra mesmo agora, em toda a sua fraqueza, é Seu corpo, a plenitude Daquele que a tudo enche em todas as coisas; porque n'Ele somos cheios; porque pela poderosa obra do Teu Espírito, e a habitação interior do Teu Filho, e o conhecimento do Teu amor, ela pode ser cheia com toda a plenitude de Deus.

Agradeço-Te Pai, porque o Espírito Santo é para nós o portador da plenitude de Jesus e porque sendo cheios do Espírito somos cheios com esta plenitude. Agradeço-Te porque muitos estiveram na Terra desde o dia de Pentecostes de quem disseste que estavam cheios do Espírito Santo. Enche-me também. Que o Espírito Santo tome e mantenha a posse da minha vida mais profunda e interior. Que o Teu Espírito encha o meu espírito. Que a fonte flua de Ti através de todas as minhas afeições e poderes da alma. Que transborde pelos meus lábios, falando do Teu amor e louvor. Que o meu corpo, pela energia avivadora e santificadora do Espírito, seja o Teu templo, cheio da vida divina. Senhor, creio que me ouviste. Concedeste-me isto. Eu aceito como meu.

Agora concede que através da Tua Igreja a plenitude do Espírito seja procurada e encontrada, conhecida e provada. Senhor Jesus, que toda a Tua Igreja seja cheia do Espírito Santo. Amém.

O Espírito de Cristo **293**

RESUMO

1. Ser cheio com o Espírito não está nas emoções. Não é na luz, poder e gozo conscientes que o enchimento do Espírito deve ser procurado em primeiro lugar, mas na parte mais interior e oculta do nosso ser, mais profunda que os conhecimentos e sentimentos – a região à qual somente a fé tem acesso e onde *somos* e *temos* antes de saber ou sentir.

2. Você deseja conhecer o que é ser cheio com o Espírito? Olhe para Jesus em Sua última noite na Terra: sabendo que o Pai deu todas as coisas em Suas mãos e que Ele veio de Deus e voltava para Deus, lavou os pés dos discípulos. Sabemos que Ele era de Deus, cheio do Espírito Santo. E Ele nos enviou o Espírito para que também nós fôssemos cheios d'Ele.

3. Note cuidadosamente a conexão: "enchei-vos do Espírito, *falando entre vós*". É na comunhão do corpo e em sua edificação em amor que o Espírito revela Sua presença. Jesus disse: "O Espírito dará testemunho, e sereis testemunhas". É em atividade de nossa parte – em obediência – que a plena consciência da presença do Espírito vem. "E todos foram cheios do Espírito Santo, e começaram a falar."Tendo o mesmo Espírito da fé, portanto, falemos. A fonte deve jorrar; a corrente deve fluir. Silêncio é morte.

4. Não entristeça o Espírito Santo de Deus. Esta palavra precede o "enchei-vos do Espírito". Não podemos promover a vida ou o crescimento, mas podemos remover os impedimentos. Podemos agir em obediência, podemos deixar a carne e esperar em Deus; podemos nos render ao Espírito naquilo que conhecemos da vontade de Deus. *O enchimento vem do alto.* Espere por ele, permaneça aos pés do trono em oração. E enquanto ora, creia que Seu poder invisível tem plena posse do seu ser.

5. "Enchei-vos do Espírito." É o dever, o chamado, o privilégio de todo crente – uma divina possibilidade em virtude do mandamento, uma divina certeza no poder da fé. Deus apresse o dia em que todo crente conhecerá e crerá nesta palavra.

RECOMENDAMOS

VIDA EM UM PLANO MAIS ALTO
Um clássico de Ruth Paxson

Neste livro extraordinário a autora trata dos assuntos mais básicos da fé e da experiência cristã – a pessoa e a obra de Cristo – e como os crentes podem crescer n'Ele. R. A. Torrey, o primeiro superintendente do Instituto Bíblico Moody, foi citado[1] sobre o que disse a respeito deste livro:

De todos os livros que já li, este é o que mais me satisfez. Ele trata com os grandes fundamentos da fé cristã... De forma exaustiva e consistente com as Escrituras, e cada vez que é lido soa verdadeiro.

Muitos dos preletores das conferências Keswick nos Estados Unidos foram proeminentes líderes evangélicos, entre os quais estão: C. I. Scofield, A. W. Tozer, Alan Redpath, Stephen Olford, Major Ian Thomas, Ruth Paxson, Harry Ironside, Vance Havner, Theodore Epp, Lewis Sperry Chafer, James O. Buswell III, John Walvord,

---

[1] Na quarta capa deste livro na versão original em inglês.

Kenneth Wuest, Charles Feinberg, Arthur Glasser, L. E. Maxwell e Harold J. Ockenga.

É desnecessário dizer que essa lista de nomes representa vários graus de afinidade com o ensinamento sobre a vida cristã mais alta. Entretanto, Ruth Paxson destaca-se como uma excelente expositora desse tipo de ensinamento a pessoas comuns. Ela segue o método do livro de Mary McDonough, *O Plano de Deus para a Redenção*[2], usando como base para seu ensinamento o diagrama de três círculos concêntricos para representar a natureza tripartite do homem. Sua contribuição singular foi combiná-los para mostrar de forma mais simples e elementar os estágios da obra de Cristo e do crescimento do crente.

Agora, pela soberania de Deus, este livro alcança o mundo de fala portuguesa. Com grande entusiasmo o recomendo para todos que amam o Senhor e buscam crescer espiritualmente na graça de Cristo. Este deveria ser um dos poucos livros a acompanhá-lo sempre em todo o percurso de sua vida cristã.

Christian Chen

(Em seu prefácio à Edição em Português)

14 de março de 2006

[2] Publicado pela Editora dos Clássicos em 3 volumes.